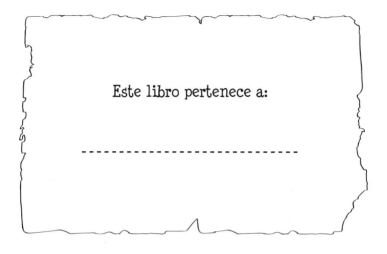

Este libro pertenece a:

- -

Dirección editorial: Marcela Aguilar
Edición: Alba Palavecino
Coordinación de diseño: Marianela Acuña
Armado: Florencia Amenedo

© 2022 Aníbal Litvin
© 2022 VR Editoras, S. A. de C. V.
www.vreditoras.com

México: Dakota 274, colonia Nápoles - C. P. 03810
Alcaldía Benito Juárez, Ciudad de México
Tel.: 55 5220-6620 • 800-543-4995
e-mail: editoras@vreditoras.com.mx

Argentina: Florida 833, piso 2, of. 203 (C1005AAQ) Buenos Aires
Tel.: (54-11) 5352-9444 • e-mail: editorial@vreditoras.com

Primera edición, segunda reimpresión: junio de 2022

ISBN: 978-987-747-788-7

Impreso en China • Printed in China

1.000
NUEVOS
datos locos
DEL FÚTBOL MUNDIAL

ANÍBAL LITVIN

CAPI CUA

UN SELLO DE
VR EDITORAS

1

La denominación "hincha" tiene su origen en Uruguay, a principios del siglo XX. Por aquellos tiempos así se le decía al encargado de inflar (hinchar) los balones. En una época en que los fans no eran tan ruidosos, hubo un hincha de Nacional de Montevideo que se destacó por alentar a su equipo a viva voz en cada partido. Así se unió el cargo de este personaje con el comportamiento de los apasionados seguidores de los equipos.

2

Si en el Mundial de Rusia 2018 se hubiera armado el equipo con más seguidores en Instagram, lo habrían integrado: De Gea, Sergio Ramos, Piqué, Thiago Silva, Marcelo, Pogba, Andrés Iniesta, James Rodríguez, Neymar, Messi y Ronaldo.

3

El 10 de julio de 2021, la Selección Argentina cortó una racha negativa de 28 años sin un título internacional, al ganar la Copa América. Lo hizo tras derrotar en la final al seleccionado de Brasil por 1-0, en el estadio "Maracaná" de Río de Janeiro. El gol de la victoria fue marcado por Ángel Di María a los 21 minutos del primer tiempo.

4

Roberto Gómez Bolaños, mejor conocido como Chespirito, fue productor, guionista y protagonista de dos películas de comedia sobre fútbol. La primera fue "El Chanfle" que se estrenó en 1979 con el mismo elenco de "El Chavo del Ocho. Allí interpretó el papel de utilero del América de México.

5

Las mujeres fueron incluidas por primera vez en el videojuego "FIFA" en su versión "2016". Las futbolistas aparecían integrando sus escuadras nacionales y se podía elegir entre 12 selecciones, incluyendo Brasil, México y España.

6

El club que más representantes tuvo en el Mundial de Rusia fue el Manchester City; 16 de sus jugadores participaron del certamen, marcando un récord en la historia de los mundiales.

7

El argentino Alfredo Di Stéfano, jugador símbolo del Real Madrid entre 1953 y 1964, antes de ser parte de ese club jugó un amistoso para su archirrival, el Barcelona.

8

El cantante colombiano Maluma integró las divisiones inferiores de Nacional y La Equidad antes de decidirse por la música.

9

Cinco estudiantes de la Universidad de Yale crearon un balón al que llamaron "Soccket", que recoge energía al ser pateada. Media hora de juego es suficiente para que se cargue y proporcione hasta tres horas de luz.

10

La primera casaca de Boca Junior fue una camisa blanca con tres listones negros cosidos a mano por Manuela Farenga, madre de los fundadores del club.

11

En el año 2018, el portero Allison Becker, al pasar de la Roma al Liverpool, se convirtió en el arquero más caro de todos los tiempos... hasta que unas semanas después, el Chelsea pagó una cifra superior por su colega, Kepa Arrizabalaga.

De todos los campeonatos continentales, la Copa América es la única en la que las selecciones no tienen que jugar partidos clasificatorios para poder participar en ella.

El futbolista más alto en la Champions 2020, fue el arquero del Ajax, Kjell Scherpen, con 2,02 metros.

La mayor diferencia de goles que logró la Selección de México en un Mundial fue 4-0 ante El Salvador, en 1970.

La final del Mundial Femenino de Estados Unidos 1999 batió récord de público. La selección local superó a la de China, ante la mirada de más de 90 000 espectadores que asistieron al estadio Rose Bowl de Los Ángeles para ver cómo sus compatriotas lograban el bicampeonato.

Bryan Gil fue el primer jugador nacido en el siglo XXI en anotar un gol en la Liga de España, en 2019.

En 1872 los organismos oficiales de fútbol establecieron
que los balones debían tener forma esférica.

En 2018, Louis Mac Lachlan, jugador de Spartans, anotó
un gol ante el Saint Andrews Boys Club desde el centro
del campo y a 4 segundos de iniciado el partido
por la final de la Copa de Escocia Sub-14.

En diciembre de 2015, los equipos FC Tevragh-Zeina
y ACS Ksar definían la Supercopa de Mauritania, África. El
partido iba 1-1 cuando el presidente de ese país, Mohamed
Ould Abdel Aziz, ordenó detenerlo por "aburrido" y pasar
directamente a los penales. Ganó Tevragh-Zeina.

En 2014, San Lorenzo se consagró campeón
de la Copa Libertadores. Fue el décimo equipo en ganar
el trofeo en su primera final.

Siendo futbolista, el francés Zinedine Zidane participó en
cuatro películas: "La clase del 92", "Astérix en los Juegos
Olímpicos", "Viviendo el sueño" y "¡Goool! La película".

~9) **22** (e~

La selección mexicana terminó como líder de su grupo
en los mundiales de México 1986, Estados Unidos 1994
y Corea-Japón 2002.

~9) **23** (e~

**La Liga de España permitió, por primera vez, contratar a
jugadores extranjeros en 1974, aunque no más de 2 por club.**

~9) **24** (e~

El primer Mundial de fútbol femenino se realizó en China,
en 1991. En el partido inaugural el seleccionado local
goleó 4-0 a Noruega. El primer tanto de la historia
de ese torneo lo anotó la jugadora china Ma Li.

~9) **25** (e~

**El 4 de mayo de 2015, Boca abrió su primera escuela de fútbol
en Bolivia, en la ciudad de Cochabamba.**

~9) **26** (e~

El jugador croata, Luka Modric, durante su niñez vivió
en medio de una guerra por la independencia de su país.
Él y su familia debieron huir de su pueblo natal para
salvar su vida. Vivió en refugios y hoteles, donde tuvo su
primer acercamiento con el fútbol, ya que usaba
el balón para abstraerse del conflicto.

La madre del delantero uruguayo Luis Suárez contó que,
cuando era pequeño, "Lucho" solo tenía un par de
zapatillas que eran para ir a la escuela. Como ella
no lo dejaba jugar al fútbol con ese calzado, entonces
Suárez lo hacía descalzo.

En el Mundial Femenino de Suecia 1995, las selecciones,
que antes disputaban partidos de 80 minutos -divididos
en dos fases de 40 minutos-, pasaron a jugar
los dos tiempos de 45 minutos.

El primer jugador que hizo goles en 2 finales diferentes
de la Champions League es el español Raúl, que anotó en
la de 1999-2000 y en la de 2001-2002 para el Real Madrid.

La primera foto del equipo de Boca Juniors de la que
hay registro data de 1906 y en ella aparecen los árbitros,
un niño, y solo 10 jugadores: falta el arquero. Dicha imagen
también es la primera de un conjunto argentino
que participara de una liga nacional.

31

Al jugador francés Paul Pogba, le dicen "El Pulpo".
Su apodo proviene del famoso pulpo Paul, molusco que
"adivinaba" los resultados de los partidos en el Mundial
de Alemania 2006. Según sus compañeros, Pogba tiene la
habilidad de saber o "predecir" hacia dónde enviará
el balón antes de recibirlo.

32

En 2013, el cardiólogo argentino Diego Delgado realizó
una expedición al Polo Sur con el fin de concientizar
sobre la prevención de enfermedades cardiovasculares.
Apenas llegó a la Antártida, hizo flamear la camiseta
de Boca Juniors junto a la bandera argentina.

33

Para llevar una estrella en sus camisetas, los clubes
italianos deben ganar 10 títulos nacionales (scudetto).
Los tres únicos que la lucen son la Juventus, el Milan
y el Inter de Milán.

34

El delantero argentino Bernabé Ferreyra, en 1932, le hizo
ganar a River el superclásico contra Boca haciendo un gol
con el arco vacío, tras haber desmayado al arquero xeneize,
Arico Suárez, de un pelotazo en el estómago.

35

El diseño del Estadio Rey Fahd, emplazado en el desierto de Riad, en Arabia Saudita, está inspirado en las tiendas tradicionales de los beduinos. Los baños privados del Rey tienen artefactos de oro.

36

El primer presidente argentino que concurrió a un partido de fútbol fue Julio Argentino Roca. El 26 de junio de 1904 asistió, junto con otros 8000 aficionados, para ver el triunfo de Southampton -el primer conjunto inglés que visitó el país- ante Alumni de Argentina, por 3-0.

37

El primer campeonato de fútbol que se organizó en América se disputó en la Argentina, en 1891, y el campeón fue Saint Andrew's School.

38

En el Mundial Femenino de Francia 2019, la jugadora más alta fue la defensora francesa Wendie Renard con 1,87 metros, mientras que la chilena Javiera Grez, con su 1,48 m. de altura, fue la de menor estatura.

39

El primer y único entrenador extranjero que estuvo
al frente de la Selección de Brasil fue el argentino Filpo
Núñez. Dirigió un solo partido, el 7 de setiembre de 1965,
en el que Brasil derrotó a Uruguay por 3-0.

40

La sigla PSV, que identifica al club holandés con sede
en Eindhoven, equivale a "Philips Sport Vereniging"
(Asociación de Deportes de Philips). La conocida compañía
tecnológica lo fundó para sus empleados, en 1913.

41

Según sus compañeros de la Juventus, Cristiano Ronaldo
siempre ha entrenado el doble de tiempo que el resto
de los jugadores.

42

En la entrada al estadio Camp Nou del Barcelona,
en la grada de la zona central se puede leer, con letras
amarillas sobre fondo azul, la frase *"Més que un club"*
("Más que un club"), pronunciada en 1968 por quien fuera
el presidente de la entidad, Narcís de Carrera.

43

El campeón del mundo con Brasil en 1994, Romario,
en 2014 fue elegido Senador por Río de Janeiro con casi
cinco millones de votos.

44

La revista argentina "Caras y Caretas" hizo un cálculo
de lo que se podía comprar en 1932 con los 35 000 pesos que
River Plate pagó por el pase del delantero Bernabé Ferreyra:
11 automóviles, 516 000 kilos de trigo, 514 trajes de casimir
inglés y 70 000 entradas para ver un partido de fútbol.

45

Se denominaba el "Wunderteam" o "Equipo maravilla"
a la Selección de Austria, que en la década de 1930 goleó
a Escocia (5-0), a Alemania (6-0 y 5-0), a Suiza (8-1)
y a Hungría (8-2).

46

En el Mundial Femenino de Francia 2019, Tailandia
logró, por primera vez en su historia, clasificar
a un Mundial de mayores.

Arturo Forrester, jugador de Belgrano Athletic, en 1904
fue el primer futbolista de un equipo argentino que
le convirtió un gol a un equipo inglés: el Southampton.
El festejo duró varios minutos porque sus compañeros
lo llevaron en andas por el campo de juego.

El partido con más goles en la Liga española tuvo lugar
en la temporada 1932-33, cuando Atlético de Bilbao
le ganó 9-5 a Racing de Santander.

El 22 de agosto de 1926, el equipo argentino Estudiantes de
La Plata derrotó a su eterno rival, Gimnasia y Esgrima, por
3-1. Los tres tantos los hizo el delantero Raúl Echeverría,
de 26 años. El goleador consideró que esa actuación colmó
sus aspiraciones: nunca más jugó al fútbol.

El estadio Anfield de Inglaterra se construyó en 1884.
Su primer dueño se llamaba John Orrel y allí jugaba
el Everton, que lo dejó de usar en 1892. Entonces John
Houlding, amigo de Orrel, pasó a ser propietario del estadio
y fundó un nuevo equipo: el Liverpool.

51

En el Mundial Femenino de 1991, la brasileña Cláudia
Vasconcelos dirigió el encuentro por el tercer puesto entre
Alemania y Suecia. Se convirtió así en la primera mujer
que arbitró un partido oficial de la FIFA.

52

Juan Tellería, defensor del club argentino Platense,
solo jugó un partido en el profesionalismo, el 6 de
diciembre de 1931. Ante un remate del equipo contrario,
Chacarita, el árbitro cobró córner pero el jugador aseguró
que la pelota había entrado y salido por estar la red rota.
Con ese gol, Chacarita ganó 1-0. Tellería ese año se recibió
de médico y abandonó el fútbol.

53

En las eliminatorias para el Mundial 2002, en el año 2001,
Australia le ganó a Samoa Americana por 31-0. Archie
Thompson marcó 13 goles.

54

El Barcelona de España fue fundado en 1899
por un futbolista suizo, Hans Kamper -también conocido
como Joan Gamper-, tras haber publicado un aviso en
el periódico convocando a gente, para la creación de
un club de fútbol. Once jugadores se presentaron
por el anuncio, liderados por el propio Gamper.

En 1966, River Plate contrató a un médico psiquiatra
"para que sus jugadores vuelvan a sentir el placer
de jugar al fútbol".

En los comienzos del fútbol amateur, en Ciudad de México
(2250 m sobre el nivel del mar) se pensaba que, por la
altura, los jugadores no resistirían 90 minutos de juego,
así que los partidos se disputaban en dos tiempos
de 35 minutos cada uno.

**El sueño de los padres del delantero senegalés Sadio Mané
era que se convirtiera en maestro.**

Los "Kop", hinchas de Liverpool que se reúnen en la parte
sur del estadio Anfield, deben su nombre a la tribuna
inaugurada en 1906 y bautizada como "Spion Kop", en
conmemoración a la colina de Sudáfrica en la que tuvo
lugar la batalla donde murieron 300 soldados en el año
1900, muchos de Liverpool.

59

Sergio Ramos tiene más de 20 tatuajes. Tras ganar
el Mundial en 2010, se tatuó en la pierna derecha el trofeo
y la fecha de la victoria. También se tatuó la copa
de la Champions en la pierna izquierda.

60

El 14 de enero de 2000, Martín Cardetti hizo el primer gol
de River del Siglo XXI. Fue en el partido en el
que el Millonario le ganó a Boca por 3-0.

61

Los delanteros Anelka y Saviola tenían el récord de haber
jugado la Champions League para 6 equipos diferentes,
pero Ibrahimovic superó esa marca en 2017: representó
a 7 clubes distintos en dicho torneo.

62

Carlos Blanco, compositor mexicano de canciones
románticas y de rancheras, es el autor del himno del Club
América de México, que sonó por primera vez el 25 de
septiembre de 1981, en un encuentro contra el Puebla
en el Estadio Azteca.

**Lionel Messi ganó 4 Balones de Oro consecutivos,
de 2009 a 2012.**

La final 2013-14 de la Champions League fue disputada,
por primera vez en la historia, entre equipos de la misma
ciudad: Real Madrid (ganó 4-1) y Atlético de Madrid.

Olimpia de Paraguay fue, en 1979, el primer equipo
en ganar la Copa Libertadores que no era argentino,
uruguayo o brasileño.

Por el campeonato Fútbol en los Juegos del Pacífico 2015,
realizado en Papúa Nueva Guinea, Vanuatu
le ganó a Micronesia por 46-0.

El primer múltiple campeón del fútbol argentino
fue Lomas Athletic Club. Ganó el torneo local 6 veces
consecutivas, desde 1893 hasta 1898.

El Camp Nou del Barcelona, en España, fue construido en 1957. Es el estadio más grande de Europa y el tercero del mundo.

Refugio Martínez, el primer capitán del Atlante de México, tuvo que vender una vaca para poder comprar los primeros uniformes del equipo.

Estudiantes de La Plata de Argentina ganó la Copa Libertadores la tres primeras veces que la jugó, en 1968, 1969 y 1970.

El Liverpool, de local en Anfield, jugó 85 partidos desde enero de 1978 a enero de 1981. No perdió ninguno.

El desaparecido Club Deportivo Marte o Marte Fútbol Club, jugó en la Primera División de México y durante la primera mitad del siglo XX fue uno de los equipos más competitivos del fútbol de ese país. Fundado en la Ciudad México, en 1953 cambió su sede cuando se mudó a Cuernavaca.

73

La copa de la Champions League ha tenido dos versiones diferentes a lo largo de su historia. La primera coincidió con el inicio de ese torneo (1955-56); a partir de la temporada 1966-67, ese trofeo fue sustituido por una copa de plata diseñada por el joyero suizo Jörg Stadelmann, de 74 centímetros de altura y 8 kilos de peso, llamada comúnmente "La Orejona".

74

En 1900, el diario "Buenos Aires Herald", de la colectividad inglesa en Argentina, premió con una ponchera de plata al club de mayor popularidad del fútbol de la época. Por votación de la gente, el primer premio le correspondió a Alumni, con 6942 votos, seguido por Quilmes, Belgrano, Lomas Athletic y Banfield.

75

El primer equipo mexicano que venció a un cuadro extranjero fue el América. En 1923, viajó a Guatemala para disputar 3 partidos con un seleccionado conformado por los mejores jugadores de la capital guatemalteca. Ganó los dos primeros encuentros.

El himno del Liverpool, *"You'll Never Walk Alone"* ("Nunca caminarás solo"), es en realidad una canción compuesta por los estadounidenses Richard Rodgers y Oscar Hammerstein para la comedia musical de Broadway "Carousel" de 1945. Fue adoptada por los fans del club en la década de 1960, cuando fue tocada por el grupo inglés "Gerry and The Pacemakers", una banda amiga de "The Beatles".

En el Mundial de Rusia 2018, Jonathan y Giovani Dos Santos se convirtieron en la tercera pareja de hermanos mexicanos en disputar una Copa del Mundo. Las dos anteriores duplas, integrada, por Manuel y Felipe Rosas y Rafael y Francisco Garza Gutiérrez, jugaron en el Mundial de Uruguay 1930.

Racing Club de Avellaneda tuvo que jugar 20 partidos para poder conseguir su primera Copa Libertadores, en 1967, tras vencer a Nacional de Uruguay en un partido desempate disputado en Chile.

Por la Copa América de 1942 que se disputó en Uruguay, Argentina le ganó a Ecuador 12-0.

80

Miroslav Klose integró la Selección de Alemania que ganó el Mundial de Brasil 2014. En ese torneo marcó 16 tantos, convirtiéndose así en el máximo goleador de la historia de los mundiales, por delante del brasileño Ronaldo.

81

La actriz Cameron Díaz es fanática del Brentford de Inglaterra. Cada vez que viaja a ese país no pierde la oportunidad de ver algún partido del club.

82

El Ottmar Hitzfeld Stadium se encuentra ubicado al borde de los Alpes suizos, a 2000 metros sobre el nivel del mar. Para llegar a él hay que tomar un teleférico.

83

La Juventus es el primer equipo en Italia en lograr 9 campeonatos consecutivos en la Serie A.

84

El arquero bosnio nacionalizado canadiense, Asmir Begovic, jugando para el Stoke City en 2013 contra el Southampton, marcó un gol desde una distancia de 91,90 metros.

85

Tigre es uno de los 18 clubes fundadores del fútbol profesional en Argentina, en 1931. En 2019, ya descendido, logró su primer título en la máxima categoría del fútbol nacional. Ganó la primera edición de la Copa de la Superliga, luego de derrotar a Boca Juniors por 2-0 y así fue el primer club de la historia en ser campeón de primera división tras haber bajado a la segunda, o Primera B.

86

El encuentro que debían disputar los mexicanos Atlas y Tigres, en 2017, fue cancelado minutos antes de comenzar debido al peligro que representaba la mala ubicación de una pantalla que colgaba en el medio del Estadio Jalisco. El partido se jugó dos meses después.

87

En el Mundial de Brasil 2014, tras el partido Grecia-Japón, todos los simpatizantes japoneses se quedaron limpiando la tribuna.

88

En Singapur, *"The Floating Stadium"* flota en el mar. Tiene una única tribuna sobre tierra firme y unas redes de acero que rodean el terreno de juego para evitar que los balones se vayan al agua.

89

De niño, el jugador francés Kylian Mbappé tenía
una pequeña réplica de la "Orejona", la Copa de
la Champions League, en su habitación. La miraba
siempre antes de dormir.

90

Son 4 los técnicos que han ganado la Copa Libertadores
con dos equipos diferentes: Carlos Bianchi (1994 con Vélez
y 2000, 2001 y 2003 con Boca); Luis Felipe Scolari
(1995 con Gremio y 1997 con Palmeiras); Paulo Autori
(1997 con Cruzeiro y 2005 con San Pablo) y Edgardo Bauzá
(2008 con Liga de Quito y 2014 con San Lorenzo).

91

**Los caracteres en chino de la palabra fútbol
son 足球 y se pronuncia *zúqiú*.**

92

El Vaticano cuenta con dos selecciones de fútbol; una
masculina y otra femenina. También tiene clubes
amateurs que están compuestos por los miembros de la
Guardia Suiza y por los trabajadores de los museos.

93

El gol en contra más rápido de la historia lo anotó, a 6 segundos de iniciado un partido, Pat Kruse, del Torquay United en 1977, jugando en la cuarta división de Inglaterra. En 2012, Matías Martínez, del Racing de Argentina, ejecutó otro a los 8 segundos, en un encuentro contra Unión de Santa Fe.

94

El uruguayo Luis Suárez mordió al defensor Giorgio Chiellini durante el partido Uruguay-Italia, por el Mundial de Brasil 2014.

95

En el primer Mundial de Fútbol Femenino de 1991 hubo 20 jueces: 14 eran hombres. Ya en Francia 2019, el arbitraje estuvo en manos de 27 mujeres.

96

Osvaldo Zubeldía, con Estudiantes de La Plata, logró las Copas Libertadores de 1968, 1969 y 1970. Es el primer entrenador en conseguir 3 en forma consecutiva.

97

Una de cada 20 celebraciones acrobáticas que hacen los jugadores festejando un gol termina en lesión.

98

En 2001, en Turcas y Caicos -islas situadas al norte de Haití que dependen del Reino Unido, de 430 km² de extensión y 20 000 habitantes-, se realizó un torneo llamado Micro Soccer League. Diez equipos jugaban partidos que duraban menos de 30 minutos.

99

La Edad Media fue una época de esplendor en el fútbol en Europa aunque no se llamaba así. La violencia del juego hizo que Inglaterra lo prohibiera en el año 1314.

100

Al año 2020, seis parejas de hermanos habían ganado la Champions League: Gabriel y Diego Milito, Franck y Ronaldo de Boer, Gary y Phil Neville, Lucas y Theo Hernández, Thiago y Rafinha y por último, Brian y Michael Laudrup.

101

En el partido en el que Francia le ganó a Argentina por 4-3, en el Mundial 2018, Kylian Mbappé, con 19 años, se convirtió en el jugador más joven en hacer 2 goles en un mismo partido, desde Pelé en 1958. Pero Pelé tenía 17 años.

En 2019, el entrenador del Flamengo de Brasil, el portugués Jorge Jesús, se convirtió en el segundo técnico europeo en ganar la Copa Libertadores. El primero fue el croata Mirko Jozic, con Colo-Colo de Chile, en 1991.

103

En 2019, el técnico argentino Marcelo Bielsa, del Leeds United -de la segunda división de Inglaterra-, le dio la orden a sus jugadores de dejarse empatar. Consideró que un gol que había hecho su equipo había sido "deshonesto", porque un jugador del equipo rival, el Aston Villa, estaba lesionado en el piso y el partido no se detuvo para atenderlo.

104

Pep Guardiola utilizó el tema de la película "Gladiador" para motivar a los jugadores del Barcelona antes de la final de Champions de 2009, que finalmente ganó.

105

Zambia estaba a punto de clasificarse al Mundial de Estados Unidos 1994, pero faltaba un partido. En 1993 debía enfrentar a Senegal de visitante. Llegando a Gabón, el avión cayó en el mar y murieron los 18 futbolistas, el entrenador y el presidente de la asociación.

106

Boca Juniors jugó su primer partido el 21 de abril de 1905. Fue un amistoso contra el Club Mariano Moreno, con victoria del xeneize por 4-0. Juan Farenga (2), José Farenga y Santiago Sana convirtieron los goles.

107

El Mundial de Brasil 2014 fue el primero en contar con el sistema de detección automática de goles. 14 cámaras de alta velocidad, ubicadas en distintos puntos del terreno de juego, enviaban, en menos de un segundo, un mensaje al reloj de pulsera usado por el árbitro que le decía si la pelota había traspasado o no la línea de meta. Solo sirvió en el partido que Francia le ganó a Honduras por 3-0.

108

El primer partido oficial de fútbol femenino en Inglaterra se llevó a cabo en Londres, en 1895.

109

La selección chilena obtuvo su primera Copa América en 2015, al superar a la Argentina por penales, tras empatar 0-0 en los 120 minutos de juego. En 2016, en ocasión de la final de la Copa América Centenario contra Argentina y luego de 120 minutos que finalizaron 0-0, Chile le volvió a ganar por penales.

110

El comienzo de la Copa del Mundo de Brasil 2014
estaba planeado para el viernes 13 de junio. Pero debido
a que la fecha está asociada con la mala suerte, el comité
organizador decidió adelantar un día la inauguración
del evento.

111

Los votantes de la BBC Sports eligieron al argentino
Sergio "Kun" Agüero como el jugador "más emblemático
de la década 2010-2019" en la Liga de Inglaterra.

112

España, en Sudáfrica 2010, se transformó en el octavo
país que se consagró campeón del Mundo. Y también
se convirtió en el equipo ganador con menos anotaciones
en la historia de los mundiales: solo hizo 8 goles
en todo el certamen.

113

El mediocampista ghanés Prince Amoako, en 1997,
se convirtió en el primer y único africano en jugar una
final de Copa Libertadores, siendo parte del Sporting
Cristal de Perú.

Carine, la madre del futbolista belga Eden Hazard,
también jugó al fútbol: era delantera, como su hijo,
y llegó a integrar la primera división del fútbol femenino
en Bélgica.

En 1964, con 20 tantos, el argentino Alberto Etcheverry
fue el primer goleador de los Pumas
en la Primera División mexicana.

**El primer sudamericano en llegar al fútbol chino
fue el paraguayo Jorge Luis Campos, en 1997.**

Científicos calculan que, para 2050, habrá un equipo
de robots capaz de jugar fútbol y competir en cualquier
liga a nivel mundial.

Theophilus Khumalo, más conocido como "el Doctor
Khumalo", jugó para el club argentino Ferrocarril Oeste
en 1995. Nacido en Sudáfrica, fue parte del seleccionado de
su país que disputó el Mundial de Francia 1998. Su único gol
en la Argentina se lo marcó a Independiente.

119

El consagrado director técnico Jurgen Klopp, desde 1989 jugó por el club alemán FSV Mainz 05 y allí pasó casi toda su carrera, primero como delantero y después como lateral derecho. Jugó 340 partidos y anotó 56 goles.

120

Sergio "Kun" Agüero tiene 6 hermanos, pero él es el único que lleva el apellido de su madre. El de su padre es Del Castillo.

121

El entrenador escocés Alex Ferguson se retiró en el 2013 de la dirección técnica del Manchester United después de 26 años y 239 días en el cargo. Con él en la banca, el club ganó más títulos que en toda su historia: 13 campeonatos de Liga y 2 copas europeas.

122

En 2015, el colombiano Juanfer Quintero develó su faceta como cantante de reggaetón al grabar, junto a la agrupación "Element Black", el tema "Cibernauta". En 2016 reincidió al acompañar a Lui-G 21 Plus en la canción "No te enamores".

En Brasil 2014, por primera vez en la historia de
la Copa del Mundo, los estadios tuvieron asientos
especiales para las personas con obesidad.

Florentin, hermano de Paul Pogba -jugador de la Selección
de Francia campeona del mundo en 2014-, podía participar
en la elección del Balón de Oro por ser capitán de la
Selección de Guinea, pero ese año no le dio ningún
voto a su hermano.

En 2019 se jugó, por primera vez, la final de la Copa
Libertadores a un solo partido en una cancha neutral
definida con anterioridad. La sede escogida resultó Perú
y Flamengo le ganó a River por 2-1.

Al delantero francés Antoine Griezmann de niño lo
rechazaron varios equipos de su país aduciendo que era
muy bajito. Fue incorporado a la Real Sociedad de España
y así comenzó su carrera hasta llegar a ser campeón del
mundo con Francia en Rusia 2018.

Independiente de Argentina, de gira por Asia en 1975, para enfrentar a la Selección de Hong Kong y ante el parecido de ambas casacas, debió vestirse con los tradicionales colores de Boca.

En la Copa Libertadores de 2013, Millonarios de Bogotá estrenó una bandera denominada "Anaconda" de 700x40 metros (28 000 m² en total). Fue la primera del mundo que cubrió todas las tribunas de un estadio.

Además de la Premier League de Inglaterra, existen otras ligas con el mismo nombre en Kazajistán, Kuwait y Sri Lanka.

Félix, el padre del famoso entrenador José Mourinho, fue portero de los equipos Belenenses y Setúbal Vitoria de Portugal y jugó una vez con la Selección de Portugal en 1972. A su vez, el abuelo de Mou fue presidente del club Setúbal Vitoria y le pedía a su pequeño nieto que hiciera informes detallados de los partidos.

131

En 1981 se eligió al Águila Real como símbolo del América de México. En 2019, el club presentó un proyecto en favor de la conservación y protección de ese animal.

132

El ahora entrenador Diego "Cholo" Simeone, con solo 12 años sufrió su primera expulsión siendo alcanzapelotas para Vélez Sarsfield de Argentina, que enfrentaba a Boca Juniors.

133

En Japón, el fútbol se hizo popular en la década de 1980, gracias a la serie manga animada "Capitán Tsubasa", conocida en América Latina como "Los Súper Campeones".

134

Un buscador de talento del Hoffenheim de Alemania llamado Lutz Pfannenstiel, descubrió al delantero Roberto Firmino por su gran habilidad y rendimiento en el simulador del videojuego *"Football Manager"*. Después de un tiempo observando cómo jugaba en la realidad terminó contratándolo por tres millones de dólares.

135

Boca Juniors es el único club argentino en haber conseguido, al menos, un título en todas las décadas, desde 1910 hasta la actualidad.

136

Croacia, que salió subcampeón mundial de Rusia 2018, formó su selección reclutando a los 23 jugadores entre 11 ligas distintas y 21 equipos.

137

Hasta el 2018, cada entrenador campeón de un Mundial lo ganó con la selección de su país de origen.

138

En 1913, Cerro Porteño, que se había fundado el año anterior, se unió a la "Liga Paraguaya de Football Association". El club se consagró campeón invicto de primera división a tan solo diez meses de haberse creado.

139

En el Mundial de Brasil 1950, Uruguay le ganó a Bolivia por 8-0. Solo 5284 personas pagaron entrada para verlo, por lo que se convirtió en el partido de un futuro campeón del mundo que menos espectadores tuvo.

140

Desde 1998 y hasta 2016, los clubes mexicanos participaron regularmente de la Copa Libertadores. Pero en 2017 abandonaron el torneo por no poder acomodarse al calendario organizado para los años siguientes.

141

Marcelo Gallardo es el primero en lograr títulos internacionales como jugador y luego como director técnico en River de Argentina.

142

Antes de convertirse en entrenador, Zinedine Zidane ganó 2 ligas italianas, 1 Supercopa de Italia, 1 Liga de España, 2 Supercopas de España, 1 Liga de Campeones, 2 supercopas de Europa y 2 mundiales de clubes/copas intercontinentales, todo ello con Juventus y Real Madrid. Además, con la Selección de Francia ganó un Mundial y una Eurocopa.

143

En 2010, el actual entrenador Guillermo Barros Schelotto presentó su libro infantil "Las aventuras del Mellizo", redactado en escritura braille.

144

A diferencia de la gran mayoría de las ligas europeas, en Japón el campeonato comienza en el mes de febrero y finaliza a principios de diciembre. Así se evita que se jueguen partidos durante el álgido invierno nipón.

145

Olimpia de Paraguay fue el primer finalista de la Copa Libertadores, en 1960. El otro equipo fue Peñarol de Uruguay, que salió campeón tras un duelo al mejor de dos partidos.

146

Liga de Quito, Ecuador, e Independiente de Argentina, obtuvieron la Copa Sudamericana sin haber ganado un solo encuentro de visitante.

147

Durante la Copa Intercontinental de 1968, días antes de que Estudiantes de Argentina enfrentara a Manchester United, Carlos Bilardo sufrió una irritación en los ojos y por error le dieron gotas que dilataban las pupilas. Debió entrenarse con anteojos oscuros porque el sol le molestaba. Ya en el partido, cada vez que miraba hacia las luces del estadio, se le nublaba la visión.

El polaco Grzegorz Lato, goleador absoluto del Mundial
1974 de Alemania con 7 goles, desde 1982 a 1984 jugó
en el club Atlante de México.

El técnico italiano Felipe Pascucci dirigió una sola vez
a la Selección Argentina. Ocurrió en el Mundial de Italia
1934 y fue derrota contra Suecia por 3-2.

En Rusia 2018, el director técnico de Perú, Ricardo Gareca,
antes de cada partido buscaba tomarse una foto con una
novia para que le diera suerte.

**En la Copa del Mundo Sudáfrica 2010, 74 jugadores se
nacionalizaron o naturalizaron para poder participar.**

En una definición por penales, si un equipo tiene
expulsados a la hora de patear, el equipo contrario debe
reducir su número de jugadores hasta quedar equiparados.

153

En 2020, un niño de 10 años, fan del Manchester United,
como parte de una tarea escolar le escribió una carta al
técnico del Liverpool, Jurgen Klopp, pidiéndole que
su equipo dejara de ganar tantos partidos. Klopp se enteró
y con una carta le respondió: *"Es mi trabajo hacer todo lo
que pueda para ayudar al Liverpool a ganar, ya que hay millones
de personas en todo el mundo que quieren que eso suceda,
y no quiero defraudarlas. [...] Pero creo que una cosa no cambiará:
tu pasión por el fútbol y por tu club. El Manchester United
tiene la suerte de tenerte a ti"*.

154

En Uruguay, en 1930, el profesor Juan Carlos Ceriani
se dio cuenta que los niños jugaban al fútbol
en canchas de baloncesto. Adaptó el juego a una cancha
pequeña destinada a otros deportes y así nació el futsal,
o fútbol sala.

155

Sergio "Kun" Agüero posee un tatuaje en la zona interior
de su brazo, que dice *"Tengwar"*, palabra basada en la
escritura inventada por el autor J.R.R. Tolkien en su
novela "El Señor de los Anillos" y cuya traducción sería:
"Kun Agüero".

En 2014, los hinchas del Junior de Barranquilla celebraron un campeonato debido a un rumor que circuló por redes sociales. Pero la información que aseguraba que Junior había ganado una demanda a su rival, Nacional, por irregularidades en el partido de la final del fútbol colombiano, era falsa. La gente salió a las calles a festejar un torneo que no fue para ellos.

En octubre de 2013, en Inglaterra, los jugadores de Brockenhurst y Andover Town en una definición por penales marcaron 29 disparos de manera consecutiva.

La primera tanda de penales en la Copa América fue en 1993: Colombia venció 5-3 a Uruguay.

Según el reglamento, el fútbol se juega en un terreno de césped natural o artificial de forma rectangular. El campo debe medir, de longitud: mínimo 90 metros, máximo 120 metros; de ancho: mínimo 45 metros, máximo 90 metros. Por lo tanto, puede construirse un campo casi cuadrado de 91x90 metros y estar en regla.

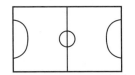

160

El delantero argentino Guillermo Barros Schelotto,
en el año 2007, fue a jugar al Columbus Crew de la Major
League Soccer de EEUU. Estuvo 3 años y ganó 5 títulos.
En 2019 volvió a la MLS, pero esta vez como técnico
de Los Angeles Galaxy.

161

En 1892, en Inglaterra se decidió marcar una línea
de 6 yardas desde la portería: hasta ahí podía avanzar
el guardameta durante el disparo de un penal. En 1905
se decidió que el portero no podía adelantarse
y debía estar sobre la línea del arco.

162

El futbolista más joven en la Liga de Colombia es Jhon
Jairo Mosquera, que debutó a los 14 años 8 meses y 18 días
con la camiseta de Millonarios, en un encuentro del año
2002 ante el Atlético Huila, en Bogotá.

163

El brasileño Casemiro empezó a jugar de niño. Su prima
Mónica lo convocó porque al equipo infantil de São José
dos Campos, en Brasil, le faltaba un arquero. El entrenador
Nilton Moreira lo fichó para su escuela de fútbol, pero
como jugador de campo. Conocido como Casemiro en todo
el mundo, sus amigos y familiares lo llaman Carlinho.

164

El club brasileño Flamengo nació el 17 de noviembre
de 1895, pero como un club de remo.

165

La Liga de Japón estableció un cupo de 5 extranjeros
por equipo, de los cuales solo 3 pueden ser convocados.
Así, los clubes lograron incorporar a jugadores veteranos
famosos para hacer más atractivo el torneo.

166

En el fútbol sala, si alguno de los equipos comete
más de 5 faltas, no puede hacer barrera cuando el contrario
patea un tiro libre.

167

Rafael Dudamel, jugando para Deportivo Cali en 1999,
se convirtió en el primer futbolista venezolano en disputar
una final de Copa Libertadores.

168

Hasta mediados del Siglo XX, determinados encuentros
se definían por sorteo, en lugar de jugar un alargue o patear
una serie de penales. En la Eurocopa 1968, Italia llegó
a la final -en detrimento de la Unión Soviética- luego
de lanzar una moneda al aire.

169

Argentina enfrentaba a Brasil por los octavos de final de Italia '90. En el hotel donde se hospedaba el plantel se celebraba una boda. El director técnico argentino, Carlos Bilardo, recordó un dicho de sus abuelos italianos: *"Fidanzata porta fortuna"* ("la novia trae suerte") y envió a sus jugadores a sacarse fotos con la recién casada y hasta le pidió el ramo nupcial. Al día siguiente Argentina ganó 1-0.

170

La primera aparición formal de un árbitro fue en la competición de fútbol más antigua, la FA Cup del año 1871. El árbitro de fútbol aun no tenía la autoridad de hoy; se ubicaba fuera del terreno y solo era consultado sobre algunas jugadas.

171

En su niñez, los amigos y parientes del gran astro brasileño Pelé lo llamaban Dico. Y en un principio no le gustaba que lo llamaran Pelé.

172

Sudáfrica, en 2010, fue el primer país anfitrión en ser eliminado de un Mundial en la primera ronda.

173

La "Rabona" es un argentinismo que da nombre a un estilo de lanzar un centro: consiste en pegarle a la pelota cruzando el pie por detrás de la pierna de apoyo.

174

José Sanfilippo, máximo goleador de la historia del club argentino San Lorenzo de Almagro, con 207 goles en 265 partidos, medía 1,68 metros.

175

El Barcelona es el primer equipo en la historia en ganar 6 campeonatos. En 2009 se alzó con la Copa del Rey, la Liga, la Champions League, la Supercopa de España, la Supercopa de Europa y el Mundial de Clubes. Es también el primer equipo europeo que ha ganado 2 veces el "triplete": Liga, Copa y Champions League, en 2009 y 2015.

176

El brasileño Gabriel Jesús celebra los goles emulando una llamada telefónica en honor a su madre, con la que se comunica antes y después de cada partido.

En Rusia 2018, Islandia fue el país con menos habitantes que disputó un Mundial: 331 000.

Luego de salir campeones del mundo con Argentina en 1986, los jugadores Nery Pumpido, Héctor Enrique y Oscar Ruggeri, se consagraron en ese mismo año campeones intercontinentales con River.

En Brasil 2014, por primera vez en un Mundial, Argentina perdió un partido dentro de los 120 minutos. Fue en la final contra Alemania.

El 8 de junio de 2015, Boca cumplió 37 312 días consecutivos en primera división. Así, batió la marca de los 37 311 días de River, acontecidos entre mayo de 1909 y junio de 2011.

A la jugadora brasileña Cristiane le gustaba tanto el fútbol, que de niña le cortaba las cabezas de las muñecas que le regalaban, para jugar con ellas como si fueran pequeños balones.

La palabra "*Soccer*" procede de Gran Bretaña.
La Association Football fue creada en 1863 para defender
los intereses de los clubes ingleses. El término fue
acortado a "*Assoc Football*" y al primero de ellos
se le añadió la terminación "er", siguiendo una costumbre
de la época. En el siglo XIX, en Inglaterra, se usó
"*soccer*" o "*football*" para referirse al deporte, pero el
segundo acabó popularizándose a principios del siglo XX.

El egipcio Mohamed Salah comenzó jugando como lateral,
hasta un partido en el que su equipo, el ENPPI,
ganó 4-0 pero él no marcó y se fue llorando. Entonces
su entrenador lo puso de delantero.

El árbitro tiene el poder de expulsar a un jugador
antes de que comience el partido, en caso de una agresión
o de una conducta que considere indebida. No puede
amonestar, solo echar.

Selecciones masculinas que ganaron un Mundial
sin perder un solo partido: Uruguay (1930), Italia (1938)
y Brasil (1970 y 2002).

186

River Plate de Argentina es el primer campeón en forma consecutiva de todas las competiciones de Conmebol vigentes. Logró la Copa Sudamericana 2014, la Recopa Sudamericana 2015, la Copa Libertadores 2015 y la Copa Suruga Bank 2015.

187

El Flamengo tiene dos himnos. El oficial dice en su estribillo: *"Flamengo, Flamengo/tu gloria es luchar/Flamengo, Flamengo/campeón de tierra y mar"*. Compuesto por el exportero y músico Paulo Magalhães, está inspirado en los equipos de remo y de fútbol que en 1915 ganaron los campeonatos de Río de Janeiro. El segundo, titulado *"Uma vez Flamengo, sempre Flamengo"* data de 1945 y es el más popular entre la fanaticada.

188

Existen 27 clubes conocidos con el sobrenombre de alguna de las canciones del grupo musical The Beatles.

189

Óscar Tabárez es el primer entrenador a nivel mundial que ha superado los 200 partidos dirigiendo a una sola selección: la uruguaya.

José Sand es el máximo goleador histórico del club Lanús,
de Argentina. En la Copa Libertadores 2017 marcó 11
tantos, a los 37 años y 135 días de edad. Así, se convirtió
en el goleador más veterano de toda la historia del torneo.

191

"Allen" fue el balón oficial del Mundial Francia 1938.
Su gran innovación fue colocar una válvula inflable a
través de un pico. Ya no fue necesario descoser el cuero
para inflar la pelota y así se eliminaron los cordones
que le hacían daño a los jugadores al cabecearla.

192

Las futbolistas escocesas Chloe Arthur y Claire Emslie,
antes de ser profesionales, debieron trabajar como
camareras y las apodaban "Lima" y "Soda". En el Mundial
Femenino de Francia 2019, jugando ambas para Escocia,
estamparon estos nombres en sus botines.

193

Un estudio de 2020 sobre los principales torneos
de América concluyó que es en la Liga de México
donde los futbolistas extranjeros juegan más minutos.

194

La Suruga Bank es un torneo internacional que disputan anualmente los campeones de la Copa J. League de Japón y de la Copa Sudamericana del año anterior. La primera edición se realizó en 2008, en la ciudad de japonesa de Osaka. Arsenal de Argentina le ganó al local Gamba Osaka por 1-0.

195

Si un jugador decide patear un tiro libre hacia su propia portería y por alguna razón el balón entra al arco sin que nadie lo haya tocado, el árbitro deberá anular el tanto y señalar saque de esquina a favor del equipo contrario.

196

El nombre completo del delantero belga de origen congoleño Romelu Lukaku es Romelu Menama *Lukaku* Bolingoli. Habla español, inglés, holandés, francés, portugués y lingala, lengua que se habla en Congo, Tanzania, Uganda y Mozambique.

197

En el Mundial 2014, el alemán Toni Kroos anotó 2 goles en 70 segundos, en el encuentro de semifinales disputado entre Brasil y Alemania.

198

Isac Newell, fundador del club Newell´s de Rosario, Argentina, eligió para la casaca de los jugadores el color rojo de la bandera del Reino Unido, su país de origen. Y el negro por la bandera de Alemania, país de origen de su esposa, Anna.

199

La portería de fútbol sala es la más pequeña de todas las variantes del fútbol.

200

El alemán Berti Vogts fue entrenador de las selecciones de Alemania, Kuwait, Escocia, Nigeria, Azerbaiyán. Es el primer técnico que alcanzó los 230 partidos dirigidos a nivel mundial.

201

En la final del Clausura 2014 de México, las cámaras captaron al técnico del León, Gustavo Matosas, haciendo que se sonaba la nariz cuando en realidad estaba vertiendo sal sobre el campo del Estadio Hidalgo antes del partido contra el Pachuca. Su cábala dio resultado: el León ganó y salió campeón.

202

Previo al inicio de un partido entre Grecia y China,
disputado en Atenas a fines de 1974, los espectadores
mantuvieron un respetuoso silencio cuando se ejecutó lo
que creían que era el himno de China. Los jugadores chinos
pensaron que sonaba el himno de Grecia. En realidad, era
un comercial de pasta dental.

203

El 27 de setiembre de 1959, en el partido entre Atlanta
y River Plate (1-0), fue expulsado el arquero millonario,
Amadeo Carrizo. El defensor Julio Nuín tuvo que ir al arco
y le atajó un penal a Desanzo. Así, Nuín se convirtió
en el primer jugador de campo en atajar un penal en el
fútbol profesional argentino.

204

El mayor público en un partido en Brasil fue
entre la selección local y Paraguay, por las eliminatorias
de la Copa del Mundo de Suiza 1954. Jugado en el Maracaná
el 21 de marzo de 1954, fue visto por 195 514 personas.
Brasil ganó 4-1.

205

El futbolista brasileño Neymar publicó en Spotify una playlist
llamada "Neymar Jr Hits" con sus 40 temas favoritos.

206

En 2015, el mismo año en que salió campeón de Italia
y subcampeón de la Champions League con la Juventus,
Carlos Tévez regresó a Boca y salió campeón del torneo
de Primera División y de la Copa Argentina.

207

El estadio chileno "El Cobre", del club Cobresal, tiene
capacidad para 11 240 personas. Casi duplica a la población,
de aproximadamente 7 000 habitantes, de la ciudad
de El Salvador, en donde se encuentra ubicado.

208

En 1902 se disputó la competición precursora
de la actual Copa Del Rey de España. Su nombre oficial
fue "Concurso Madrid de Foot-Ball". Sin embargo, como
el motivo de su celebración fue la coronación oficial
del Rey Alfonso XIII al cumplir 16 años, se la conoce
como Copa de la Coronación.

209

En Alemania, las emergencias cardíacas
se multiplican 2,66 veces cuando su selección nacional
juega un partido por el Mundial.

210

Durante la final de la FA Cup de 1923, más de 200 000 personas desbordaron el estadio de Wembley (con capacidad para 125 000); casi 80 000 sin entrada. Por la multitud parada en la línea del campo de juego, el partido comenzó con 45 minutos de retraso y los jugadores no pudieron entrar al vestuario en el entretiempo; esperaron la reanudación sentados en el campo.

211

El fútbol llegó a Venezuela durante la segunda mitad del siglo XIX. Era un pasatiempo para los exploradores que trabajaban la minería y el caucho cerca del río Orinoco.

212

En 2013, el argentino Ignacio Scocco anotó 2 goles en 47 segundos jugando para el Inter de Porto Alegre contra el Botafogo, en el Maracaná de Brasil.

213

En 1892 se decidió en Inglaterra marcar una línea a 12 yardas desde la portería. Indicaba que desde cualquier punto de ella podía patearse el penal. Recién en 1898 se instauró el punto del penal.

214

Itzhak Hayk, portero del Ironi Yehuda de Israel, jugó un partido profesional con 73 años.

215

En 1910, Racing de Avellaneda decidió usar los colores celeste y blanco de la bandera de su país, en honor a una fecha histórica argentina: la Primera Junta de 1810. Antes había jugado con cuatro camisetas distintas: una blanca, una rayada negra y amarilla -como la de Peñarol de Uruguay-, una celeste y salmón a cuadros y una azul con una franja blanca horizontal.

216

El brasileño Dani Alves ganó 42 trofeos: 5 con el Sevilla, 23 con el FC Barcelona, 2 en la Juventus, 6 en PSG, 5 con la Selección de Brasil y 1 con Sao Paulo.

217

Marbella Ibarra es considerada una precursora del fútbol femenino de México. Fue futbolista y entrenadora y además fundó el club Xolas de Tijuana. Para promover el fútbol femenino transmitía los torneos a través de sus redes sociales.

218

Nueve meses después de las victorias históricas
del Barcelona ante Real Madrid y Chelsea, obtenidas
con 3 días de diferencia en mayo de 2009, los nacimientos
en esa ciudad se incrementaron un 45 %.

219

**El logo de México 1986 fue reconocido por la FIFA
como el mejor en la historia de los mundiales.**

220

En el tercer partido de la fase de grupos del Mundial 1970,
México venció a Bélgica por 1-0 y logró pasar a la ronda
siguiente. Augusto Marriaga, alcaide de la cárcel
de Chilpancingo destinada a condenados a cadena perpetua,
recorrió pistola en mano los pasillos del lugar y gritando
"¡Viva México!" liberó a 142 criminales. Fue absuelto
porque los jueces consideraron que actuó llevado
por un "arrebato de patriotismo".

221

Messi tiene como costumbre mirar al cielo cuando marca
un gol. Además, este gesto suele acompañarlo señalando
al cielo con su dedo índice. Le dedica así sus éxitos
a su abuela Celia, fallecida en 1998.

222

En la Copa de Francia, entre 1995 y 1999, se entregó
una tarjeta azul que premiaba el juego limpio. Se daban
puntos a cada club por el número de tarjetas recibidas
o el comportamiento de sus fans.

223

Días antes de la final de la Eurocopa 2020, que se jugó
el 11 de julio de 2021 entre Italia e Inglaterra, un fan inglés
se tatuó en su pantorrilla *"Euro 2020 England Winners"*
(Inglaterra ganador de la Euro 2020). Italia derrotó
a Inglaterra por penales.

224

Efmamjjasond González Palacios, delantero colombiano
nacido en 1999 que inició su carrera en las divisiones
inferiores de Atlético Nacional, es también conocido
por su apodo de "Almanaque". Su nombre lleva las
iniciales de todos los meses.

225

Junto a Santos de Brasil, Colo-Colo es uno de
los dos primeros equipos en conseguir una Copa
Libertadores tanto a nivel masculino como femenino.

226

Vélez Sarsfield y Boca Juniors son los únicos equipos que se consagraron campeones del fútbol argentino debiendo jugar un triangular. Vélez en 1968 y Boca en 2008.

227

Joachim Löw es la tercera persona en dirigir a la selección alemana sin haber sido jugador del equipo nacional. Sus antecesores fueron Otto Nerz y Erich Ribbeck.

228

En la edición de 2017 de la Copa Libertadores, Atlético Tucumán de Argentina jugó frente a El Nacional de Ecuador en Quito con la camiseta de la Selección Argentina, porque la ropa del equipo iba en un avión que se demoró. En ese momento, la Sub-20 blanquiceleste disputaba el Campeonato Sudamericano en Ecuador y tuvo la gentileza de prestar su indumentaria. Cada casaca llevaba un apellido que, lógicamente, no pertenecía al futbolista que la portaba.

229

En el fútbol sala, si un jugador es expulsado ya no podrá jugar en todo el partido. Además, hasta que no pasen dos minutos no podrá entrar a sustituirlo un compañero.

230

En 2021, el delantero Robert Lewandoski, jugando
para el Bayern Münich, hizo 41 goles en una sola
temporada del campeonato alemán o Bundesliga.
Así superó el récord que ostentaba Gerd Müller desde 1972.

231

La Copa del Rey de España tuvo varios nombres. Desde
1903 se llamó Copa de Su Majestad el Rey, hasta la II
República (1931) que fue Copa de España o del Presidente de
la República. Entre 1936 y 1939 no se jugó por la Guerra Civil
española y ya con Francisco Franco en el poder, el torneo
retornó como Copa del Generalísimo. Tras la muerte del
dictador, en 1977 volvió a ser Copa de Su Majestad El Rey.

232

**El primer gol en contra en un Mundial Femenino lo hizo la
neozelandesa Julia Campbell, jugando ante Noruega, en 1991.**

233

Tras marcar el penal que clasificó a Egipto para
el Mundial 2018 después de 28 años de ausencia en
el torneo, Mamdou Abbas, empresario y expresidente
del club egipcio Zamalek, le regaló a Mohamed Salah
una mansión como premio. El delantero la rechazó
y pidió que donara el dinero a Nagrig, su aldea.

234

El mediocampista francés N´Golo Kanté, campeón
del mundo con Francia en 2018 y ganador de la Champions
con el Chelsea en 2021, fue así nombrado por sus padres
en honor a un ex esclavo que se convirtió en rey africano
de Malí en el siglo XVIII.

235

"Cuervos del fin del mundo" nació en 2005 en la ciudad
argentina de Ushuaia, en Tierra del Fuego, como una peña
de San Lorenzo de Almagro. Creció hasta convertirse en
el club más ganador de la Liga Ushuaiense de Fútbol.

236

En 2016, durante la presentación del alemán Marvin
Ducksch como nuevo jugador del St. Pauli de Alemania,
un hombre se hizo pasar por el entrenador por medio de
una careta y el propio club subió las fotos a su página web.

237

En las semifinales de la Copa América de 2021 contra
Colombia, el portero Emiliano Martínez pasó a la historia
de la Selección Argentina al atajar 3 penales en un partido.
Superó así a Sergio Goycochea, Carlos "Lechuga" Roa
y Sergio Romero, que habían atajado 2 remates.

238

"Fútbol Club Maradona" es un documental de 2019
dirigido por Roberto Rodríguez, que repasa los 700 días
que jugó el astro para el Barcelona.

239

**La primera derrota argentina con un equipo africano
en la Copa del Mundo fue ante Camerún, por 1-0 en 1990.**

240

Si al momento de anotar un gol hay una persona
no autorizada dentro del campo de juego (sustituto,
cuerpo técnico, jugador expulsado), el árbitro podrá
anularlo cuando es del equipo que lo anotó y sancionará
saque de meta, córner o balón a tierra. En cambio,
si la persona dentro del terreno pertenece al club
que recibe el gol, el tanto será válido.

241

La Selección de Italia no clasificó para el Mundial de Rusia
de 2018, hecho que no ocurría desde Suecia 1958. Tras
esa decepción, en 2021 ganó la Eurocopa al vencer a
Inglaterra por 1-0 en el estadio londinense de Wembley.

Sporting San Miguelito es el nombre de un club
que juega en la Liga de Panamá. Está situado en el
importante distrito de San Miguelito de ese país.

La estadounidense Carli Lloyd es la primera jugadora
en hacer 3 goles en el tiempo reglamentario de una final
mundialista. Fue frente a Japón, en Canadá 2015.
Marcó tantos en los minutos 3, 5 y 16.

En Francia 1938, durante el encuentro que disputaron
Brasil y Polonia, el polaco Ernest Willimowski se convirtió
en el primer jugador en hacer 4 goles en un partido
del Mundial. Su equipo perdió.

La cantante y actriz uruguaya Natalia Oreiro presentó su
tema *"United by love"* para el Mundial de Rusia 2018. En
una mezcla de castellano e inglés la primera estrofa dice:
*"Find your way, never lose your faith, Y levántate otra vez,
nunca dejes de creer In this world la ilusión no va a caer,
Love will always take the throne. We are united by one love"*.

246

Todo el Mundial 1930 se disputó en 3 estadios
de Montevideo: el Centenario, el Parque Central
y el de Peñarol, en donde el francés Lucient Laurent
hizo el primer gol mundialista de la historia,
con la victoria de su país ante México.

247

En las semifinales de la Champions 2019, el brasileño
Lucas Moura fue el primer jugador diestro en hacer 3 goles
con la pierna izquierda en esa competición. Así su equipo,
el Tottenham, venció al Ajax por 3-2 y llegó por primera
vez a la final del torneo.

248

Lionel Messi ganó en 2021 la Copa América
con la Selección Argentina, siendo este su primer título
con el conjunto albiceleste, con el que debutó en 2005.
Jugando para el club Barcelona de España,
obtuvo 34 títulos oficiales.

249

Robin Hood FC integra la Liga Premier de Bermudas,
la primera división de ese país. Su primer título
importante lo logró durante la temporada 2015/16
al ganar la Copa FA de Bermudas.

250

En la historia de la Copa Francia, el equipo más destacado de los territorios franceses de ultramar es el Geldar, de Guayana Francesa. En la temporada 1988/89 llegó a octavos de final y fue eliminado por Nantes, 11-0 en el global.

251

El cantante Freddie Mercury, líder de Queen, era fanático del Manchester United. Aseguró que compuso la famosa canción *"We are the champions"* en honor a ese equipo inglés.

252

El duelo entre Manchester City y Chelsea en 2021 fue la tercera final de Champions League disputada por equipos ingleses. Ganó Chelsea.

253

Sacachispas, club argentino de la Ciudad de Buenos Aires, jamás ha estado en primera división pero sus jugadores se hicieron famosos posando con diversos disfraces antes de comenzar los partidos. Se vistieron como conejitos de Pascuas, de Papá Noel y hasta de soldados romanos con casco, espada y escudo, previo al encuentro por la Copa Argentina ante Sarmiento de Junín, que perdieron 3-1.

254

El futbolista brasileño Gabriel Barbosa, conocido como "Gabigol", jugando para el Flamengo fue el máximo goleador de la Copa Libertadores 2019. En el partido final contra River de Argentina, Gabigol hizo 2 goles; uno en el minuto 89 y el otro en el minuto 91. Así dio vuelta el partido e hizo ganar a su equipo por 2-1.

255

El primer gol olímpico marcado en Copas del Mundo lo hizo el colombiano Marcos Coll contra el portero Lev Yashin de la Unión Soviética, en Chile 1962.

256

Las futbolistas del Brisbane de Australia inventaron una nueva forma de defender un tiro libre. Cuatro jugadoras que integraban la barrera, en lugar de esperar el remate de pie, comenzaron a agacharse y a levantarse alternadamente, buscando confundir a la futbolista contraria mientras preparaba su lanzamiento.

257

En 2019, el italiano Mario Balotelli, jugando para el Olympique de Marsella, festejó su gol de volea ante el Saint-Étienne con una transmisión en vivo. Tomó su celular y subió la celebración a Instagram.

258

Desde que en 2005 comenzó a llamarse Copa Mundial de Clubes de la FIFA y hasta el 2021, todos los subcampeones de esta competición fueron distintos: Liverpool, Barcelona de España, Boca Juniors, Liga Deportiva Universitaria de Quito, Estudiantes de La Plata, TP Mazembe, del Congo, Santos de Brasil, Chelsea, Raja Casablanca, San Lorenzo, River Plate de Argentina, Kashima Antlers, Gremio, Al Ain, Flamengo y Tigres.

259

En 2019, Ricardo Ribeiro, juez brasileño, se puso a rezar frente al monitor del VAR y le dedicó una larga oración en la previa del partido entre Flamengo y San Paulo.

260

En la Copa Mundial Femenina 2015, Fabbiene Humm marcó 3 goles en 274 segundos, durante la goleada de Suiza a Ecuador por 10-1.

261

El Parque Central en Uruguay es el estadio más antiguo de América. Fue la sede del primer partido de la historia de los campeonatos del mundo, entre Estados Unidos y Bélgica.

262

En 2019, Giuliano Pambianco, quien tiene Síndrome de Down, debutó en primera división a los 29 años de edad, en un partido de la Liga del Sur de Bahía Blanca, Argentina. A pesar de que su equipo perdió, atajó un penal y convirtió un gol.

263

En 1957, Colombia jugó su primer torneo de Clasificación para la Copa del Mundo, a disputarse al año siguiente en Suecia. Pero quedó última del grupo, detrás de Paraguay y Uruguay. No ganó ningún partido.

264

El brasileño Neymar es el autor del gol más rápido de unos Juegos Olímpicos. Lo hizo en Río de Janeiro de 2016, a 14 segundos de iniciado el encuentro contra Honduras.

265

Para conmemorar el 60º aniversario de la Eurocopa, la UEFA decidió expandirla por toda Europa. Al contrario de lo sucedido en las 15 ediciones anteriores, en 2021 no hubo un único país anfitrión sino 11: Inglaterra, España, Alemania, Italia, Países Bajos, Escocia, Dinamarca, Hungría, Rumanía, Rusia y Azerbaiyán.

266

De los 3 jugadores argentinos que ganaron
el Balón de Oro europeo, 2 surgieron de las divisiones
inferiores de River: Alfredo Di Stéfano (lo ganó en 1957
y 1959) y Enrique Omar Sívori (en 1961).

267

En 2019, el argentino Antonio Mohamed se convirtió
en el primer técnico que, después de haber salido campeón
dirigiendo a América de México, logró un torneo
con otro equipo mexicano: Monterrey.

268

El arquero italiano campeón del mundo, Gian Luigi
Buffón, proviene de una familia de deportistas. Adriano, su
padre, fue campeón en lanzamiento de bala. Maria Stella,
su madre, tuvo el récord italiano durante 17 años como
lanzadora de disco. Sus hermanas, Veronica y Guendalina
jugaron vóleibol y la última ganó la Copa de Europa.

269

Cedella, hija del famoso cantante Bob Marley, creó una
Fundación que lleva el nombre de su padre para patrocinar
a la Selección Femenina de Jamaica. Así logró que su
equipo nacional llegara al Mundial de Francia 2019.

270

El primer campeón de la Copa del Rey fue
el Athletic Club de Bilbao. Fue el equipo que más títulos
de Copa ganó durante 90 años, hasta que fue superado
por el Barcelona, en 1998.

271

En 2019, al guardameta japonés del Ehime FC,
Masahiro Okamoto, le hicieron 2 goles desde el centro
del campo en 90 segundos.

272

En la Copa América 2021, la Selección Argentina
llegó a los 1000 partidos oficiales. Lo hizo jugando contra
Uruguay, el mismo rival contra el que había disputado
su primer encuentro, en 1902.

273

En 2017, durante el partido entre Norwich City y Preston
North de Inglaterra se lesionó un juez de línea. El cuarto
árbitro lo suplantó y dejó su lugar vacante. Entonces,
un fan que estaba mirando el partido, David Thornhill,
árbitro certificado, bajó de las gradas y completó el equipo
de jueces para que pudiera seguir el encuentro.

274

En Suecia, en 2019, Mattias Özgun, centrocampista
del Östers Idrotts, se lesionó mientras se saludaba
con el jugador al que iba a reemplazar. Al salir,
su compañero Axel Lindhal le metió el dedo en el ojo
sin querer y Özgun necesitó asistencia médica cuando
apenas llevaba 5 segundos en el campo.

275

El brasileño Ronaldinho despertó el interés del Gremio
de Porto Alegre cuando, con apenas 13 años, en un torneo
local logró la victoria de su escuela, que ganó 23-0.
Todos los goles los hizo él.

276

En 2003, el técnico campeón del mundo con Alemania
en 2014, Joachim Löw, subió a la cima del monte
Kilimanjaro en Tanzania, el pico más alto de África.

277

En 2021, Tigres se convirtió en el primer conjunto
mexicano en clasificar a una final del Mundial de Clubes.
Derrotó 1-0 al entonces campeón de la Copa Libertadores,
el Palmeiras de Brasil. Luego perdió la final
contra el Bayern Múnich por el mismo marcador.

278

El primer jugador no europeo en ganar el Balón de Oro
fue el delantero liberiano George Weah, en el año 1995.
Antes el premio estaba reservado exclusivamente
a futbolistas con nacionalidad europea que jugaran
en ese continente.

279

Por primera vez en la historia, en la final de la Copa
América 2021 entre Argentina y Brasil, se permitieron
hasta 5 cambios por equipo.

280

Por la Champions League, Juventus jugó las finales
de 1973, 1983, 1997, 1998, 2003, 2015 y 2017. No ganó ninguna.
Hasta 2021 solo había ganado en 1985 y 1996.

281

Usaín Bolt, ganador de 11 títulos mundiales
y 8 medallas olímpicas de oro en atletismo,
marcó 2 goles en su debut profesional como futbolista
con el Central Coast de Australia.

El arquero de Irān, Alireza Beiranvand, realizó
un lanzamiento con la mano de aproximadamente
75 metros, en el partido contra la Selección de Irak
por la Copa Asiática 2019.

Desde la Copa del Mundo de 1982 hasta la de 2018, en todas
las finales de este torneo, siempre hubo un futbolista
perteneciente al club alemán Bayern Múnich.

Messi debutó en un partido oficial ante el Espanyol.
Fue el 16 de octubre de 2004 con triunfo del Barcelona por
1-0. Jugó los últimos 7 minutos con la casaca número 30.

**El PSV Eindhoven de Holanda, en la temporada 1987-88,
logró la Champions ganando apenas tres encuentros.**

En 2018, un fan del Guangzhou de China se disfrazó
como la mascota del equipo para sorprender con un anillo
casamiento a su novia. La muchacha aceptó pero
el novio terminó siendo expulsado del estadio.

El equipo japonés Yokohama FC, en 2019,
contó con la delantera más longeva del mundo: Shunsuke
Nakamura, de 41 años y Kazu Miura, de 52.

En 1997, el brasileño Ronaldo Nazario ganó
el Balón de Oro con 21 años. Fue, además, el primer
brasileño y americano en obtenerlo.

La Juventus de Turín debutó oficialmente
en el Campeonato Italiano de Fútbol de 1900, y los colores
de sus uniformes fueron rosa y negro.

En el Mundial de China 2007, la alemana Nadine Angerer
se convirtió en la primera arquera campeona
sin haber recibido un gol en todo el torneo.

Al ganar la Copa América 2021, Leonel Messi,
Sergio Agüero y Angel Di María alcanzaron un logro
que antes solo había alcanzado Diego Maradona: ganar
un título con la Selección Argentina juvenil y luego
con la selección mayor.

292

El maliense Bakary Sako, jugando para el Crystal Palace,
personalizó sus botines con diferentes personajes de animé
y manga, como Dragon Ball y Naruto.

293

En la temporada 2015-16 de la Bundesliga alemana,
los estadios estuvieron llenos al 91% de su capacidad.
Asistieron 12 980 815 personas, con una media de 42 421
espectadores por partido.

294

El Yongin Taesung y el Cheongju Daesung, equipos
de Corea del Sur, en 2019 protagonizaron la definición
por penales más larga del mundo: durante 50 minutos
patearon 62 veces. Ganó Yongin Taesung 29-28.

295

En 2015, la revista francesa *So Foot* eligió al estadio
"Bombonera" de Boca Juniors y a sus fanáticos como
el escenario más espectacular del fútbol internacional.
Fue el único equipo argentino que integraba la lista,
en la que figuraban Borussia Dortmund, Celtic
Glasgow, Nápoles y Athletic Bilbao, entre otros.

Por la pandemia de coronavirus del 2020, muchos de los
grandes jugadores, los más importantes técnicos y clubes
de Europa y América, realizaron millonarias donaciones
para ayudar a paliar y a superar la crisis de salud mundial.

El arquero Petr Cech, luego de retirarse del fútbol
jugando para el Arsenal de Inglaterra, se convirtió
en arquero de hockey sobre hielo.

Fabián Rinaudo, mediocampista argentino de Gimnasia
y Esgrima de la Plata, persiguió a su rival hasta la línea
de fondo y pensó erróneamente que el balón había salido.
Entonces, levantó la mano derecha para protestar al árbitro
justo cuando el portero de su equipo rechazaba la pelota,
que impensadamente rebotó en el brazo de Rinaudo.
El juez cobró penal en su contra.

La Selección de Suazilandia, tras la independencia,
en 2018, de ese país del sur de África, pasó a denominarse
Selección de Esuatini.

300

George Weah, goleador nacido en Liberia, África, jugó en
Milán, Chelsea, Manchester City y otros equipos europeos.
Ya retirado, en 2018 fue elegido presidente de su país
con el 61,5% de los votos en segunda vuelta.

301

El argentino Paulo Dybala, jugando para Instituto
de Córdoba, en 2012 se convirtió en el goleador más joven
de los campeonatos oficiales de la AFA. Con 17 años superó
el récord de Mario Kempes, que en 1972 lo logró con 18.

302

En el partido por cuartos de final que Alemania le ganó
a Inglaterra 3-2 en el Mundial de México 1970,
la temperatura llegó a los 52°.

303

En el Mundial de Estados Unidos 1999, la australiana
Alicia Ferguson recibió la tarjeta roja a los 2 minutos
de iniciado el partido frente a China.

304

 En el Mundial de Rusia 2018, los jugadores
con el 10 en sus camisetas anotaron más goles
que los futbolistas con el número 9.

305

Cristiano Ronaldo, con la Selección de Portugal,
ganó su primera Eurocopa el 10 de julio de 2016. Messi,
con la Selección Argentina, ganó su primera
Copa América el 10 de julio de 2021.

306

En 2019, el defensor costarricense, Kendall Watson,
marcó en el triunfo del Cincinnati FC sobre el Portland
y lo festejó realizando el baile de Homero Simpson.

307

**El arquero egipcio Essam El-Hadary hizo un gol de penal
a la edad de 44 años.**

308

Entre 1971 y 1973, el Ajax de Holanda se convirtió
en el segundo equipo en ganar la Copa de Europa
(hoy Champions League) en 3 ocasiones consecutivas.
El primero fue el Real Madrid.

309

Wanderson Cristaldo, brasileño nacionalizado búlgaro,
jugando para el Ludogorets Razgrad marcó un gol y fue
a festejarlo besando a su esposa. Sin embargo, no se dio
cuenta que el árbitro lo había anulado por fuera de juego.

310

En 2017, Iván Genes, un adolescente paraguayo que hacía malabarismos en la calle con la pelota, fue contratado por el club Guaraní con solo 14 años.

311

Cuando tenía dos años, Mario Barwuah, hijo de inmigrantes ghaneses en Italia, tuvo una enfermedad intestinal muy grave. Sus padres, Thomas y Rose Barwuah, decidieron darlo en adopción ya que no podían pagar los medicamentos. El pequeño fue adoptado por Francesco y Silvia Balotelli y así se convirtió en Mario Balotelli.

312

El colombiano naturalizado mexicano, Carlos Darwin Quintero, usó el número 3 en su uniforme en honor a su hijo, que nació el 3 de marzo del 2011 y estuvo muy mal de salud durante sus primeros días de vida.

313

En 2021, el defensor Nicolás Tagliafico fue el primer jugador argentino en dar dos vueltas olímpicas en el Estadio Maracaná. La primera fue con Independiente de Argentina por la Copa Sudamericana 2017 frente a Flamengo. La segunda, con la Selección Argentina, tras ganar la Copa América en 2021.

México fue el segundo país sede en contar con una
mascota mundialista. El diseñador Lance Wayman creó
a Pico, un águila que salía de un huevo con forma de balón.
Sin embargo, una agencia de publicidad mexicana
le presentó al Comité Organizador a "Juanito",
un chico que lucía el uniforme de la Selección de México
y un sombrero de paja. Juanito le ganó a Pico y fue
la mascota oficial del Mundial 1970.

315

En 2018, los simpatizantes del Genoa de Italia
guardaron silencio durante los primeros 43 minutos
del partido ante el Empoli, en honor a las 43 personas
fallecidas tras el derrumbe del puente Morandi de Genoa,
que colapsó por una tormenta.

316

Paul McGowan, centrocampista del Dundee de Escocia,
en 2018 jugó con una tobillera electrónica de rastreo
por problemas con la justicia de ese país.

317

En la Copa Confederación de África de 2018,
usaron una camilla que se transformaba en una suerte
de trono para llevar a los lesionados.

318

Pep Guardiola, siendo técnico del Manchester City,
le dio una charla táctica a un alcanzapelotas para
que entregara el balón a sus jugadores más rápido,
a fin de acelerar el ritmo del juego.

319

En el Mundial de 1978, los jugadores de la Selección
Argentina, al levantarse para desayunar, veían un cartel
escrito por el preparador físico, Ricardo Pizzarotti, que
decía: *"Faltan x días para ser campeones del mundo"*.
Finalmente, el día x llegó; ganaron el torneo.

320

En la primera temporada del fútbol inglés de 1888-89,
fallecieron ocho jugadores, víctimas de la violencia
en el campo de juego.

321

En 2017, los futbolistas del Bosna Visoko, equipo de
Bosnia-Herzegovina, se sentaron sobre el césped
y se dejaron marcar dos goles a modo de protesta
por los fallos del árbitro. Ya perdían 1-0 y así
terminaron superados en 3-0.

322

Lucas Castro, futbolista argentino que jugó en Italia, compuso una canción e hizo un video sobre el gol anotado por Diego Maradona a los ingleses en el Mundial de 1986. Se basó en el relato que el periodista uruguayo Víctor Hugo Morales hizo de aquel tanto.

323

La delantera Wang Shanshan convirtió 9 tantos en 29 minutos. Fue durante la goleada por 16-0 que la Selección de China le propinó a su par de Tayikistán en los Juegos Asiáticos 2018.

324

La alemana Bibiana Steinhaus, a los 36 años, fue la primera árbitra en el fútbol profesional germano. Además de la final olímpica femenina de Londres 2012, en 2017 dirigió partidos masculinos de la Bundesliga y la final de la Liga de Campeones Femenina de la UEFA.

325

En 2017, el mexicano Hirving Lozano se convirtió en el primer jugador que hizo goles en, al menos, 7 de sus primeros 8 partidos en la primera división de Holanda.

326

La selección mexicana disputó el primer partido
en la historia de los mundiales de fútbol ante Francia,
el 13 de julio de 1930.

327

En 2018, el West Bromwich de Inglaterra estrenó
una nueva y original mascota: una caldera, o calefón,
con manos y piernas.

328

En 1978, la firma Atari lanzó al mercado el primer sistema
para conectar a televisores, denominado VCS. Su primer
videojuego de fútbol fue Atari Soccer, en 1980. Los gráficos
eran en blanco y negro y el jugador controlaba a un equipo
de 3 futbolistas que eran vistos desde arriba.

329

En el partido de 2018, entre Vasco da Gama y Flamengo
de Brasil, el jugador Bruno Silva necesitó asistencia
médica. Debía ser llevado a un hospital pero la ambulancia
se averió en medio del campo de juego. Varios futbolistas
de ambos equipos empujaron el vehículo
para que arrancara.

330

Independiente del Valle de Ecuador fue, en la Copa Libertadores 2016, el primer equipo en la historia del torneo que eliminó en una misma edición a Boca Juniors y a River Plate de Argentina. En la Copa Sudamericana de 2019 venció a Independiente de Argentina y a Corinthians de Brasil y le ganó la final a Colón de Santa Fe, Argentina, por 3-1.

331

El VAR comenzó a utilizarse en 2017, en partidos amistosos entre combinados nacionales y en torneos tales como la Major League Soccer de Estados Unidos y la A-League de Australia.

332

Santiago Arroyave, jugador sin un brazo, en 2018 debutó como profesional para Itagüi Leones de Colombia.

333

Baba Sulemaye, centrocampista de Ghana que ganó el Mundial Sub-17 en 1995, por lesiones en su rodilla no pudo seguir con su carrera de jugador y terminó trabajando como chofer del arquero español David De Gea.

Porto y Nottingham Forest son los únicos equipos
que nunca han perdido una final de Champions League:
jugaron dos y ganaron las dos.

El Always Ready es el primer club boliviano
que realizó una gira por Europa en 1961 y se enfrentó
a equipos de Alemania, España y Grecia.

John Terry, defensor de Inglaterra en 2006, como cábala
le daba 3 vueltas de cinta alrededor de sus medias,
se sentaba en el mismo lugar del bus y escuchaba
siempre el mismo CD rumbo al estadio.

A lo largo de todo un partido, un jugador de fútbol
profesional retiene la pelota un promedio de 53,4 segundos
y corre con ella un promedio de 191 metros.

En el partido de desempate de la final de la Copa
Libertadores en 1977, que lo consagró por primera vez
campeón de América, Boca enfrentó a Cruzeiro de Brasil
con una camiseta totalmente blanca.

En México 1970 se implementó la posibilidad de hacer cambios de jugadores. Juan Ignacio Basauguren fue el primer jugador suplente en anotar un gol en un Mundial. Se lo hizo a El Salvador.

Homeless World Cup, o Copa Mundial de Fútbol Calle, es un torneo internacional destinado a las personas sin hogar y que viven en la pobreza. Su primera edición fue en 2003.

El clásico entre Peñarol y Nacional de Uruguay es la rivalidad más antigua del fútbol aparte del de Gran Bretaña.

Stefan Blanaru, futbolista del Hermannstadt de Rumanía, subió a la platea del estadio para aplaudir el gol que convirtió ante el Oradea. Su equipo ganó 4-0.

En 2018, por la división de ascenso de Argentina, un perro se metió al campo de juego e impidió un gol de Juventud Unida ante Defensores de Belgrano tras una pifia del arquero.

344

En 2019, Faiq Bolkiah de 21 años, jugador del Leicester
de Inglaterra y con un solo gol en su haber, era el
futbolista más rico del mundo, superando a Cristiano
y a Messi. Faiq, hijo del Príncipe de Brunei y sobrino
del Sultán de Brunei, Hassanal Bolkiah, poseía una fortuna
tasada en 20 mil millones de dólares.

345

El Aston Villa de Inglaterra jugó su primer partido
en 1874 contra un equipo de rugby, el Aston Brook
St Mary's Rugby. Se disputó cada tiempo con las reglas
de cada deporte.

346

Cuando Maradona jugaba en el Napoli, una vez fue hacerse
un análisis de sangre. El enfermero que se la sacó guardó
un poco en un tubo y lo llevó a la Iglesia de San Genaro
para ver si se producía el milagro de la licuefacción
de la sangre, como la del santo.

347

La Federación de fútbol de los Estados Unidos fue fundada
el 5 de abril de 1913. En 1914 creó la Lamar Hunt U.S.
Open Cup, también conocida como la National Challenge
Cup, siendo uno de los torneos más antiguos de ese país.
El Brooklyn Field Club fue el primer campeón.

348

En el Mundial de Francia 1938, el primer partido
por cuartos de final entre Brasil y Checoslovaquia terminó
1-1 y fue tan violento que sólo 2 brasileños titulares
pudieron jugar el desempate dos días después. En esa época
no había alargue ni definición por penales.

349

Antes de comenzar el encuentro entre Independiente
Santa Fe de Colombia contra el Santos de Brasil,
por la copa Libertadores 2017, se pidió un minuto de
silencio por la muerte del jugador brasileño Ricardo
Oliveira... que estaba vivo y en el campo de juego.

350

La franquicia de videojuegos de FIFA carga
con un estigma: el mito sostiene que los jugadores
que aparecen en sus portadas están destinados
a que sus carreras deportivas fracasen.

351

La primera victoria de la Selección de Venezuela
ante Brasil fue en un amistoso jugado en Boston,
Estados Unidos, en 2008. Ganó por 2-0 con tantos
de Maldonado y Vargas. Hasta ese momento habían sido
17 triunfos consecutivos para los brasileños.

352

Holanda es la primera Selección en jugar 3 finales
de la Copa del Mundo sin ganar ninguna de ellas.

353

En 2017, el delantero alemán Timo Werner,
jugando para el Leipzig, fue sustituido al no soportar
el ruido de los fanáticos del Besiktas de Turquía.

354

En los Juegos Olímpicos de París de 1900 no hubo
un torneo de fútbol propiamente dicho, sino dos partidos
de exhibición del que participaron Francia,
Inglaterra y Bélgica.

355

El delantero mexicano Luis Hernández anotó
para su selección, en la Copa América, un total
de 9 goles en 12 partidos.

356

Marcelo Bielsa, siendo técnico de la selección chilena
de fútbol, una vez fue al mercado montado
en una cortadora de césped.

357

En 1996, Graeme Souness, técnico del Southampton
de Inglaterra, recibió una llamada telefónica de George
Weah -goleador y Balón de Oro- recomendándole
a un primo suyo, Ali Dia, que jugaba para el Paris
Saint-Germain y la Selección de Senegal. Souness lo
contrató por un mes y Dia jugó unos minutos en primera,
pero muy mal. En realidad, Ali no era primo de Weah y
solo había jugado en divisiones inferiores de Francia y
Alemania. La llamada telefónica la hizo un amigo de Dia.

358

Ronaldinho es el primer jugador en la historia
en ganar el Mundial, la Copa Libertadores, la Champions
League y el Balón de Oro.

359

**Messi es capaz de tocar el Himno de la Champions League
en el piano.**

360

Según las estadísticas, para atajar un penal
lo más apropiado que puede hacer un arquero de fútbol
es quedarse en el centro. Sin embargo, en el 93,7% de
los casos deciden moverse hacia un costado.

361

El ghanés Arthur Wharton se convirtió, en 1889,
en el primer futbolista de raza negra que firmó un contrato
profesional. Llegó a ostentar el récord mundial de 100
yardas llanas en atletismo, pero jugando al fútbol
su posición era la de arquero.

362

En Brasil a un bebé le pusieron de nombre Zinedine Yazid
Zidane Thierry Henry Barthez Eric Felipe Silva Santos, en
honor a los jugadores de la Selección de Francia, campeona
del mundo en 1998. Su padre era un apasionado de ellos.

363

En el Mundial 2014 hubo 85 jugadores que integraron
selecciones de otros países, incluyendo un nicaragüense
en la de Costa Rica, un kosovar en la de Suiza,
y un uzbeko en la de Nigeria.

364

Los fans de Unión Berlín de Alemania festejan
la Navidad en su estadio, en donde entonan villancicos
y cánticos de fútbol. La primera vez fue en 2003 con solo
89 aficionados. Una década después concurrieron 27 500
personas, entre los que se encontraban jugadores e hinchas
de otros equipos de Alemania y Europa.

365

La primera transmisión televisiva de un partido
de fútbol en Argentina fue el 18 de noviembre de 1951.
Jugaron San Lorenzo vs. River

366

El 2 de febrero de 1964, durante un encuentro
ocurrido en Yugoslavia entre el Partizán de ese país
y el San Pablo de Brasil, el delantero de los locales,
Hasanagic, se colgó del travesaño de un arco y lo quebró.

367

**Tim Wiese, alemán mundialista en Sudáfrica 2010, se retiró a
los 32 años y se convirtió en luchador profesional de la WWE.**

368

En un amistoso inglés de 2003 entre Portsmouth y Havant
and Waterlooville, anunciaron por los altoparlantes que
un auto sería removido por la grúa si su dueño no lo
estacionaba correctamente. Al escuchar esto, el técnico del
Portsmouth, Harry Redknapp, salió corriendo de inmediato.

369

En 2017 el Levadia de Estonia hizo un gol sin tocar la pelota. Su rival, el Paide, sacó del medio, fue tocando la pelota hacia atrás y por un mal pase del jugador Martin Kase al arquero, el balón entró en el arco a los 14 segundos de juego.

370

Ante la falta de árbitros, durante la primera edición de la Copa América 1916, Sidney Pullen, jugador de Brasil, y Carlos Fanta, entrenador de Chile, actuaron como jueces.

371

Los 4 tantos en 4 minutos que le hicieron a Brasil en la semifinal de 2014 contra Alemania, igualan a los que recibió durante más de 540 minutos en las 6 semifinales que disputó entre 1962 y 2002.

372

En 1972, el árbitro argentino Washington Mateo expulsó al jugador de Estudiantes de La Plata, Carlos Alberto de Marta, por insultarlo verbalmente. Pero no hubo sanción disciplinaria y le quitaron el castigo: el jugador era mudo de nacimiento.

373

En sus inicios, durante las reuniones de la Argentine
Football Association (hoy Asociación del Fútbol Argentino,
AFA) los dirigentes debían comunicarse en inglés. En 1903
el organismo adoptó el castellano como lengua propia y
recién en 1934 cambió la palabra "football" por "fútbol".

374

**El arquero croata Matej Delac perteneció durante 8 años
al Chelsea pero no jugó un solo minuto en el equipo inglés.**

375

En la final de la Copa de Francia 2018, París Saint-Germain
le ganó 2-0 a Les Herbiers, de la tercera división. El zaguero
del PSG, Thiago Silva, en un gesto de deportividad, levantó
el trofeo con el capitán del equipo rival.

376

Wendie Thérese Renard, multicampeona con Olympique
Lyon y figura de la Selección de Francia, recibió
el premio The Best de FIFA por integrar el equipo
del mundo ideal de fútbol femenino de 2019. Pero en
un viaje en tren desde París a Lyon, la defensora olvidó
la valija que contenía el trofeo.

377

Siendo jugador del Napoli de Italia, al arquero argentino Nicolás Navarro le robaron su automóvil. Cuando los ladrones advirtieron que el vehículo era del jugador, averiguaron donde vivía y al día siguiente lo dejaron a una cuadra de su casa con una nota pidiéndole disculpas.

378

La Ciudad de México ha sido sede de 23 encuentros mundialistas entre los torneos de 1970 y 1986.

379

En 2020, Real Madrid y Barcelona dominaban el ranking en las redes sociales. El top 5 lo completaban Manchester United, Bayern Múnich y Juventus .

380

En el Mundial de Argentina 1978, Francia y Hungría llevaron por error camisetas blancas a Mar del Plata, ciudad donde se disputaba el encuentro. Kimberley, club de esa localidad, le prestó a los galos las casacas a franjas verticales verdes y blancas que usaron en el partido. Como mantuvieron sus pantalones, la numeración de estos no concordaba con la de las camisetas.

En la final de fútbol de los Juegos Olímpicos de 1920,
Bélgica le ganaba 2-0 a Checoslovaquia, cuando los checos
abandonaron el terreno de juego en protesta por el arbitraje
en favor de los belgas del inglés John Lewis, de 72 años.

En 1899, el circo "Barnum and Bailey" promocionó un
duelo de penales entre humanos y elefantes como "el
más grandioso show del mundo". Los tres futbolistas
profesionales de Leicester que aceptaron el desafío fueron
vencidos por el elefante Jumbo.

Federico Higuaín jugó 5 partidos en la primera de River.
Su hermano, Gonzalo, jugó 35 partidos con 13 goles. Antes,
su padre, Jorge "Pipa" Higuaín, fue defensor millonario
entre 1988 y 1992, convirtiendo 7 goles en 131 partidos.

En el primer partido oficial de la Selección
de Gibraltar, disputado el 7 de septiembre del 2014
ante Polonia por las eliminatorias a la Eurocopa 2016,
solo 2 jugadores eran futbolistas profesionales. El resto
eran administrativos, bomberos, policías y vendedores.

385

Cristiano Ronaldo nació 869 días antes que Lionel Messi.
Esa misma diferencia es la que hay entre el hijo
del portugués, Cristiano Ronaldo Jr, y el del argentino,
Thiago Messi.

386

En 2014, el Corinthians de Brasil firmó un acuerdo
con la cadena Fox y, en la fecha 26 del torneo Brasileirao,
las casacas de los jugadores llevaron sus nombres escritos
con la tipografía de Los Simpson.

387

En el partido amistoso entre España y Rusia previo
al Mundial 2018, Sergio Ramos marcó 2 goles de penal.
El único que lo había logrado antes con la selección
española fue Domingo Zaldúa en 1927.

388

La española Concepción Sánchez Freire es más conocida
como "Conchi Amancio" en honor a "Amancio", un
histórico jugador de La Coruña y Real Madrid. Fue pionera
del fútbol femenino de España, llegó a jugar en clubes
de Italia e Inglaterra y marcó casi 600 goles en su carrera.

389

En el partido de 2018 entre Bologna y Fiorentina, en Italia,
Jordan Veretout y Erick Farfán marcaron un gol olímpico
cada uno en el primer tiempo, con 3 minutos de diferencia.

390

En 2019, el hincha argentino Walter Rotundo,
fanático de Maradona, en su honor bautizó a sus hijas
gemelas como "Mara" y "Dona".

391

Lusail, ciudad de Catar donde se jugarán el partido
inaugural y la final del Mundial de 2022, a la fecha
de ser designada sede del torneo no había sido construida.

392

En una filmación de abril de 2014, en el estadio
Hernando Siles de Bolivia, durante un partido de la Copa
Libertadores, se ve una sombra, un espectro que corre
por las gradas y luego desaparece. Dicen que, además,
por las noches se escuchan lamentos y se aparece
una dama, "La Mestiza", que murió allí hace varios
siglos y está enterrada en ese lugar, porque antes
de construirse la cancha había un cementerio.

393

Para el Mundial de 1958, el psicólogo de la selección
brasileña desaconsejó convocar a un joven que a su juicio
era "infantil" y carecía de espíritu de lucha para triunfar.
Ese jugador era Pelé. Convirtió 6 goles sin siquiera jugar
los primeros 2 partidos y Brasil salió campeón.

394

El goleador sueco Henrik Larsson se había retirado
en 2009. En 2013 volvió a jugar con 42 años en el Högaborg,
de la cuarta división sueca, para poder compartir cancha
con su hijo Jordan, en ese entonces de 16 años.

395

El estadio del Club Atlético Victoriano Arenas
de la Primera D de Argentina, está emplazado en una
pequeña península que está rodeada por el Riachuelo
y fábricas, algunas abandonadas.

396

La Selección de Alemania usa el blanco en su casaca
inspirado en el color de la bandera de Prusia, uno
de los reinos que se unieron para crear el Imperio
alemán en el siglo XIX.

397

**En 2011, el videojuego FIFA 12 vendió 3.2 millones
de copias en apenas una semana.**

398

En 1988, el cantante mexicano Luis Miguel fue
a ver un partido de Boca Juniors en el estadio
La Bombonera, en Argentina. Asistió disfrazado
y nadie lo reconoció.

399

Ya de mayor, un hombre en Colombia decidió cambiar
su nombre. Pasó a llamarse Giraldo Zuluaga Deportivo
Independiente Medellín.

400

En 2013, dos equipos de Nigeria estaban empatados
para ascender a tercera división. Clasificaba el que anotaba
más goles. Plateau United Feeders le ganó a Akurba FC
79-0, y Police Machine FC superó a Bubayaro FC por 67-0.
Los cuatro equipos fueron suspendidos por presunto fraude.

401

**La estrella de la NBA, LeBron James, compró
parte del club Liverpool en el 2011.**

402

Brasil siempre salió campeón de la Copa América
jugando en su país. Ganó las ediciones de 1919, 1922,
1949, 1989 y 2019. Pero la racha se rompió en 2021
con el triunfo de Argentina.

403

Raúl González Blanco, uno de los máximos goleadores
del Real Madrid de todos los tiempos, tiene 6 dedos
en su pie izquierdo.

404

Uno de los máximos ídolos en la historia del Milan
es Paolo Maldini. Tras su último partido, el club retiró
el número 3 que usó durante toda su carrera y solo podrá
ser usado de manera profesional por sus hijos.

405

La caxirola fue el instrumento musical oficial
de Brasil 2014. Inventada por el músico Carlinhos Brown,
era una suerte de maraca de plástico con semillas
dentro que hacían ruido al agitarse.

406

En 2019, el italiano Daniele de Rossi, campeón del mundo con
Italia en 2006, firmó contrato con Boca Juniors de Argentina.

407

En 2019, en Colorado, Estados Unidos, se enfrentaron
Colorado Rapids y Portland Timbers en medio
de una tormenta de nieve. Durante el encuentro,
la temperatura mínima fue de -18° y la máxima, de -8°.

408

La brasileña Marta Vieira da Silva fue elegida
en 6 ocasiones como Mejor Futbolista del Mundo
(2006, 2007, 2008, 2009, 2010 y 2018).

409

Al exmediocampista y actual entrenador inglés,
Frank Lampard, cuando era joven un profesor le dijo
que si se dedicaba al fútbol fracasaría en la vida.
Cuando debutó en 2001 en el Chelsea le envió
una entrada al profesor.

410

Jaiyah Saelua es la primera mujer transgénero
que ha jugado en un equipo profesional de hombres.
Ha sido la defensora central titular de la Selección
de Samoa y ha jugado partidos de eliminatorias
para los mundiales de 2010 y 2014.

Cuando el director técnico Marcelo Bielsa estaba
al frente del Olympique de Marsella, el club puso
a la venta unas heladeras, o neveras portátiles, para
que los hinchas pudieran ver los partidos sentados
en ellas como lo hacía Bielsa.

Una camiseta de San Lorenzo de Argentina se encuentra
en el museo de la FIFA. Fue usada el 16 de marzo de 2013
contra el club Colón y tenía la imagen del Papa Francisco,
fan de la institución y elegido Sumo Pontífice 3 días antes.

En el barrio Portal, ubicado en El Chañar, un pequeño
pueblo de la provincia de Tucumán, Argentina, hay
dos calles que se cruzan: una se llama Lionel Messi
y la otra, Sergio Agüero. En San Vicente, Misiones,
Argentina, confluyen las calles Messi y Mascherano.

414

Sudáfrica jugó por la copa de Oro Concacaf en 2005. En su
única participación en ese torneo pasó la fase de grupos
pero cayó, por penales, en cuartos de final ante Panamá.

415

Con solo 17 meses de edad, el defensor Gerard Piqué
estuvo dos días en coma al caer del balcón de la casa
de su abuela, mientras corría tras una pelota.

416

El camerunés Alex Song tenía 27 hermanos. Cuando llegó
al Barcelona, en 2012, pidió ese número, pero por una
cuestión reglamentaria no pudo usarlo. En el Arsenal
usó el 17: el número de hermanas que tenía.

417

Hasekura y Naoko Shigemori, una pareja de Japón,
era tan fanática del Betis de España que, en 2015, voló
más de 11 000 kilómetros para sacarse su foto de bodas
sobre el césped de estadio bético.

418

Hasta 1991 el fútbol fue ilegal en Mississippi, Estados Unidos.

419

En 2014, los 11 jugadores titulares de la tercera división
del Grenchen de Suiza fueron despedidos tras perder 10-0
ante el Lucerna B. El equipo estaba último en la tabla
con 5 puntos en 14 partidos y 80 goles en contra.

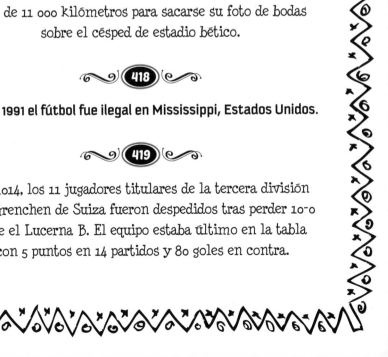

420

Nacido en Suecia, de padre bosnio y madre croata,
el goleador Zlatan Ibrahimovic podía escoger jugar
en tres selecciones. Sefik -su papá- envió en 1998 una
carta a la federación bosnia solicitándoles que le tomen
una prueba a su hijo, de 17 años. El secretario general
de ese organismo, Munib Usanovic, lo rechazó. "En
Bosnia-Herzegovina hay mejores talentos", alegó.

421

La IGLFA, o Asociación Internacional de Fútbol de Gays
y Lesbianas, es un organismo internacional que nuclea
a equipos de fútbol en todo el mundo. Se creó en 1992
para promover, a través del fútbol, el respeto
y la comprensión por parte del mundo no gay.

422

El delantero inglés Wayne Rooney se realizó dos
trasplantes de cabello para combatir su temprana calvicie.
En 2011 pagó 34 000 euros. En 2013, 19 000.

423

El clásico mexicano entre América y Cruz Azul
fue reprogramado en 2019, porque el horario original
coincidía con el del estreno del primer episodio de
la última temporada de la serie "Game of Thrones".

424

El Mogreb Tetuán de Marruecos, que participó en
el Mundial de Clubes 2014, es el único equipo extranjero
que jugó en la primera división de España.

425

El colombiano Juan Fernando Quintero estuvo a punto de
abandonar el fútbol cuando el entrenador Eduardo Lara lo
dejó afuera del Mundial Sub-17 del 2011 debido a su baja
estatura. Para el DT era necesario ser alto y corpulento.

426

Los hinchas de los clubes argentinos River Plate
y Boca Juniors se pusieron de acuerdo y en 2014 batieron
el récord Guinness del mayor número de banderas
flameando. Durante un amistoso jugado en el estadio
Mario Kempes de Córdoba, 45 000 fans agitaron
sus banderas durante 5 minutos.

427

En 2019, Francia y Albania iban a jugar una fecha
de las eliminatorias de la Eurocopa, pero en lugar de sonar
el himno de Albania empezó a escucharse el de Andorra.
El equipo albanés se negó a iniciar el partido hasta
que no sonara su himno. El error fue enmendado,
jugaron y perdieron 4-1.

428

Cuando era un niño, Francesco Totti, campeón
del mundo con Italia en 2006, quería trabajar en una
gasolinera porque le gustaba el olor a combustible.

429

El club Sheriff Tiraspol, de Moldavia, se consagró campeón
en forma ininterrumpida entre 2001 y 2010. Además,
entre 2006 y 2008 se mantuvo invicto en 63 partidos.

430

El Estadio Municipal de Braga, en Portugal,
fue construido para la Eurocopa de 2004. Solo tiene gradas
a los laterales de la cancha. En un fondo hay una vista
panorámica de la ciudad y en el otro, una pared gigante
de roca, por lo que es conocido como "La Cantera".

431

Investigadores de la Universidad de Queen Mary
de Londres demostraron que las abejas son capaces de
jugar con una pelota. Los expertos les enseñaron a empujar
un pequeñísimo balón hasta una zona que les permitía
acceder a una solución de agua azucarada.

432

100 puntos es lo máximo conseguido en una temporada
de la Liga de España. Lo logró el Real Madrid en 2012
y Barcelona en 2013.

433

Enrique Wolff, defensor de Rácing y River de Argentina
y del Real Madrid entre los años 1967-1979, tras su retiro
se convirtió en comentarista de fútbol y conductor
del programa "Simplemente Fútbol" para la señal
televisiva ESPN. Fue quien popularizó la expresión
"la caprichosa" para referirse a la pelota.

434

La japonesa Homare Sawa es una de las futbolistas
con más partidos en la historia del fútbol femenino nipón.
En 2011 salió campeona de la Copa Mundial de Fútbol,
lo que le valió el Balón de Oro a la mejor jugadora
y el Botín de Oro a la máxima anotadora del certamen.
En 2012 la FIFA la eligió Mejor Futbolista del Año.

435

En 2017, Wes Morgan, siendo jugador del Leicester,
se convirtió en el primer jamaicano en anotar un gol
en la Champions League.

436

El delantero marfileño Didier Drogba donó, en 2009,
los tres millones de libras esterlinas de su contrato
con la marca Pepsi, para construir un hospital en su ciudad
natal, Abiyán. Ya en 2007 la ONU lo había designado
Embajador de Buena Voluntad por sus obras de caridad.

437

El Inter y el Milan, hoy grandes rivales, eran parte
del mismo equipo. El Milan Cricket and Football Club
se fundó en 1899 y logró 3 ligas italianas hasta que, en 1908,
43 socios del club lo abandonaron y fundaron el Football
Club Internazionale Milano.

438

El portero Santiago Cañizares quedó fuera del
Mundial de Corea-Japón 2002 por un accidente doméstico.
Estaba en el baño cuando un frasco se le resbaló, cayó
al piso y se rompió, causándole un corte en el tendón del
pie derecho. Así, Iker Casillas tomó su lugar en
el certamen y Cañizares jamás volvió a ser titular.

439

En 2015, Lucas Alario se convirtió en el primer jugador
en la historia de River que anotó en eliminatorias,
semifinal y final de la Copa Libertadores.

El delantero del Barcelona, Josep Samitier,
era también conocido como "El Hombre Langosta",
por sus remates acrobáticos.

441

En 2019, durante la final del fútbol uruguayo entre
Nacional y Peñarol, se cayó la Copa para el campeón
en la fosa del estadio Centenario.

442

En México existe la maldición del Estadio
de La Corregidora, en Querétaro. Todos los equipos
que juegan en él bajan a una división inferior o terminan
desapareciendo. Construido para México '86, fue hecho
(según la leyenda) sobre un panteón de muertos, que al
no hallar descanso para sus almas, maldicen a todo aquel
equipo que pise su césped. Cuatro conjuntos mexicanos
que jugaron allí descendieron a segunda división.

443

En el partido entre Al-Nassr y Al-Fateh, en Arabia
Saudita, quisieron utilizar el VAR pero no pudieron.
Un empleado del estadio lo había desconectado
para cargar su teléfono móvil.

444

En 2017, Cristiano Ronaldo hizo 3 goles al Bayern Münich en cuartos de final y luego hizo otros 3 goles en las semifinales frente al Atlético de Madrid. Se convirtió así en el primer jugador de la historia de la Champions en marcar dos *hat-trick* consecutivos en partidos de eliminatorias.

445

El galés Ryan Giggs es el jugador con más partidos en la historia del Manchester United: 963. En sus 24 años de carrera nunca recibió una tarjeta roja. Además, marcó al menos un gol en cada uno de esos 24 años.

446

Jugadores que ganaron la Copa Libertadores y también la Champions League: Carlos Tévez, Dida, Juan Pablo Sorín, Cafú, Roque Junior, Walter Samuel, Neymar, Danilo y Ronaldinho.

447

Boca Juniors fue el primer equipo argentino en disputar y ganar un partido con gol de oro, o muerte súbita, a nivel sudamericano. Fue en 1993 contra San Pablo de Brasil, por la Copa Nicolás Leoz.

448

En 2019, el club Independiente de Cauquenes, de la tercera categoría de Chile, publicó un aviso: *"Se vende club fútbol profesional. Licencia Clubes 2020"*. Estaba tasado en 400 millones de pesos chilenos; unos 500 000 dólares.

449

Según estudios estadísticos, el equipo que inicia una tanda de penales tiene el 60,5% de probabilidades de ganarla.

450

La Copa América Centenario, disputada en 2016 en Estados Unidos, fue el segundo torneo organizado conjuntamente por la CONMEBOL y la CONCACAF. El primero fue la Copa Interamericana que, desde 1969 y hasta 1998, enfrentó al vencedor de la Copa de Campeones de la Concacaf y al campeón de la Copa Libertadores.

451

En 2018, el juez Raúl Orozco de Bolivia, en el partido entre Always Ready y Bolívar, no cobró una infracción en el área de este último. Uno de sus asistentes pareció marcarle el error y haciendo la seña del VAR, Orozco cobró penal. El detalle: en ese momento no se utilizaba el VAR en el campeonato boliviano.

452

José Mourinho, siendo entrenador del Tottenham en 2020,
recibió una tarjeta amarilla por acercarse al banco
de suplentes de su rival, el Southampton, para observar
las anotaciones del técnico contrario.

453

El primer videojuego de fútbol de la historia data de 1978
y fue *"Cassette 24: Fussball"* -también llamado *"Soccer"*-
para la consola alemana Interton VC 4000. Su uso era
complicado ya que los futbolistas eran representados
por símbolos y cada uno de los 11 jugadores se movía
con un botón distinto.

454

En semifinales del Mundial de Francia 1938,
Italia derrotó a Brasil con un gol de penal marcado
por Guiseppe Meazza, a quien se le caía el pantalón
y tuvo que patear sujetándoselo con una mano.

455

En 2019, Musa Noah Kamara, delantero de Sierra Leona,
África, firmó contrato con el club Trelleborgs FF
de Suecia. Pero una semana después lo rescindió
porque no pudo soportar el frío.

456

A 2020, Brasil había ganado 5 mundiales, 8 Copas América, y 4 Copas Confederaciones, pero recién en los Juegos Olímpicos de Río 2016 obtuvo su primera medalla de oro.

457

En 2019, cuando Diego Maradona asumió como técnico en Gimnasia de La Plata, pidió retirar las casacas 13 y 17, números asociados con la mala suerte. La AFA se lo negó.

458

Según el reglamento 2014-2105, en un balón a tierra pueden participar los 11 jugadores de cada equipo.

459

En los momentos decisivos de un partido de fútbol, el 43% de los mexicanos "cruza los dedos" y el 25% voltea la cara para no mirar.

460

El club español Lorca FC, de la tercera división española, fue dirigido, en 2020, por sus propios aficionados mediante una app móvil.

461

Las selecciones de Bután, Gibraltar, Kosovo y Sudán
del Sur debutaron en las eliminatorias a Rusia 2018.
Ninguna logró clasificar.

462

En 2014, el argentino Juan Román Riquelme
fue reconocido por los lectores del diario "Marca"
de España como "El Rey Mago del balón", por encima de
Messi, Ronaldinho, y Cristiano Ronaldo.

463

"Zona Cesarini" es una antigua expresión de la década
de 1930 que señala la etapa definitoria de un encuentro.
El término alude al jugador de fútbol ítalo-argentino
de la Juventus, Renato Cesarini, que se caracterizaba
por marcar goles sobre el final de los partidos.

464

El Centenario, estadio de la final del Mundial 1930,
debe su nombre a la celebración de los 100 años
de la jura de la primera Constitución uruguaya.

465

**El Marsella de Francia jugó por primera vez en la Champions
en la temporada 1992-93 y salió campeón.**

466

El delantero holandés Dennis Bergkamp tenía fobia
a volar y jugando para el Arsenal inglés se ausentó
en varios partidos internacionales por este motivo.
Sin embargo viajaba en automóvil como alternativa.
En uno de esas travesías hizo 1600 kilómetros para jugar
contra Bayern Leverkusen, en Alemania.

467

En octubre de 2016 la Asociación de Fútbol
Argentino (AFA) clausuró el estadio del club Liniers
por "falta de encuadre". Una imagen satelital de Google
Maps mostraba que el perímetro de la cancha no era
un rectángulo simétrico sino una suerte de trapezoide.
En diciembre de ese mismo año se corrigió y la AFA
lo volvió a habilitar.

468

El primer partido que disputó la Selección de Estados
Unidos fue extraoficial, en 1884, contra Canadá. Perdió 1-0.
El primero en forma oficial fue en 1916; un amistoso contra
Suecia, en Estocolmo, en el que ganó por 3-2.

469

En Rusia 2018, por primera vez, el Mundial fue transmitido
en la señal 4K al resto del planeta. Esta es una resolución
que cuadriplica la calidad del formato HD.

 **470**

La *"Clericus Cup"* es un torneo anual, creado en 2007, del que participan equipos conformados por seminaristas y sacerdotes católicos provenientes de diversos países del mundo.

 **471**

El gol del Pity Martínez para River en la final contra Boca por la Libertadores 2018, jugada en el Estadio Bernabeu, fue el más tardío en la historia del torneo. Lo logró a los 121 minutos y 19 segundos.

 **472**

En la Copa África 2019, el entrenador de Mali reemplazó a Adama Traoré por Adama Traore. Los dos futbolistas se llamaban igual pero no tenían nada que ver entre sí. Además uno llevaba tilde en su apellido y el otro no. Mali le ganó a Mauritania por 4-1 y ambos hicieron sendos goles desde media distancia con la pierna izquierda.

 **473**

En Colombia, a un niño le pusieron Millos David, por el club Millonarios. En Argentina nacieron Newells Nicolás, por el club de Rosario, y Azul Grana, por San Lorenzo.

474

"*Karthoum Offside*" es una película de 2019 dirigida por la sudanesa Marwa Zein. Cuenta la lucha de un grupo de mujeres de Karthoum, capital de Sudán, África, a favor de un cambio que les permita ser reconocidas como el equipo nacional de fútbol femenino por el gobierno de su país, que prohíbe a las mujeres practicar deportes.

475

En la Champions 2016, el mediocampista y capitán del Atlético Madrid, Gabriel "Gabi" Fernández, recorrió casi 135 kilómetros repartidos en los 12 partidos del torneo.

476

En la Primera Guerra Mundial existió un batallón inglés formado únicamente por jugadores: el *"Football Batallion"*.

477

En el partido entre Maldivas y Afganistán, por la AFC Challenge Cup de Asia de 2014, Ashad Ali, delantero de Maldivas, simuló tropezarse en la carrera para patear un penal y cayó al piso, distrayendo al arquero. Rápidamente Ali se levantó, pateó y convirtió el gol sin que el portero pudiera reaccionar.

478

El técnico argentino en el Mundial 1930, Juan José
Tramutola, tenía 27 años y 267 días cuando su seleccionado
jugó el primer partido contra Francia. Es, hasta hoy,
el entrenador más joven en la historia de los mundiales.

479

Existen 5 tipos de fútbol para personas con discapacidad:
"Fútbol 7" para personas con parálisis cerebral;
Fútbol en silla de ruedas eléctrica;
"Fútbol 5" para personas con discapacidad intelectual;
Fútbol sonoro para personas con discapacidad visual
y "A-Ball", otra versión de fútbol en silla de ruedas.

480

Cada vez que el equipo de St. Pauli de Alemania
sale a la cancha, en el estadio suena el tema *"Hell Bells"*
(Campanas del Infierno), del grupo de rock AC/DC,
como avisándole al rival que está por entrar al averno.

481

En la colombiana ciudad de Medellín hay una estatua en
honor al arquero René Higuita. Realizada en 1989, cuando
Atlético Nacional ganó la Copa Libertadores, mide unos
20 centímetros menos que la estatura real del jugador.

**El primero en errar un penal en una Copa del Mundo
fue el brasileño Waldemar de Brito, en Italia 1934.**

Boca es de los pocos clubes del mundo que ha ganado 3
títulos oficiales en un semestre. Los logró en la segunda
mitad de 2005, cuando obtuvo la Copa Sudamericana,
la Recopa Sudamericana y el Torneo Apertura.

El Museo de Cristiano Ronaldo, o "Museu CR7",
se encuentra en Portugal, más precisamente en Funchal,
su ciudad natal. Allí se exponen todos los trofeos
del jugador, como sus balones y sus botines de oro.
También hay una estatua de cera a tamaño real del crack
para que la gente pueda sacarse fotos.

Fue un entrenador de fútbol americano, Roberto "Tapatío"
Méndez, quien escogió a un puma como mascota del club
mexicano Universidad Nacional, en 1942. Consideraba
que ese felino tenía todas las virtudes que debe reunir
un deportista: fuerza, valentía, inteligencia y agilidad.

Jugando en Atlanta de Argentina en la década de 1960,
el arquero Hugo Orlando Gatti, apodado "El Loco",
sacó del arco haciendo rebotar el balón contra el travesaño.
Lo suspendieron por una semana.

El Athletic de Bilbao, en 1984, y el Real Madrid, en 1989,
ganaron la Supercopa de España sin jugarla. En esa época,
el equipo que lograba el doblete (Liga y Copa del Rey)
automáticamente se convertía en ganador de ese trofeo.

En la primera edición de la Copa América, llamada
en ese momento Campeonato Sudamericano, Argentina
no tenía 11 jugadores para iniciar el partido contra Brasil.
Entonces, un jugador que estaba en la tribuna como
espectador, José Laguna, bajó para completar el equipo,
se puso la camiseta argentina por primera vez en su
carrera y anotó el único gol argentino.

En la final del Campeonato Paulista de Brasil de 2016,
por primera vez en un partido oficial de la FIFA, la pelota
fue llevada al campo de juego por un dron.

En 1996, el delantero alemán Giuseppe "Billy" Reina firmó
para el Arminia Bielefeld, de la segunda división alemana.
Acordó que recibiría una casa por cada año que cumpliera
de contrato. Como no especificó las características
de la vivienda, el club le entregó casas hechas de Lego.

En 2017, el exdelantero holandés Marco Van Basten propuso
que, para evitar pérdidas de tiempo, en los partidos
se juegue tiempo neto durante los últimos 10 minutos,
tal como ocurre en otros deportes, como el balonmano
o el fútbol sala.

Mauricio Dos Anjos, hincha del Flamengo, se tatuó la
camiseta de su equipo a tamaño real. Cubrió con las franjas
rojas y negras del club alrededor del 40% de su cuerpo.

En 2019, durante un partido entre Tiro Federal
y Diadema por el Torneo Final C de Argentina, el árbitro
paró el partido para hablar por celular con un dirigente
de la Liga de Fútbol. Así autorizó que un integrante
de Diadema pudiera jugar aunque no tuviera su documento
y su carnet en regla.

494

En un saque de banda, el jugador debe tener una parte de ambos pies sobre la línea de banda, así sean los talones.

495

En el encuentro entre Albania e Israel, por las eliminatorias de Rusia 2018, el israelí Eran Zahavi se tiró adrede en el área y pidió penal. Correspondía sacarle tarjeta amarilla por fingir, pero como el árbitro no lo hizo, el arquero albanés Etrit Berisha se enojó y le dio un cabezazo a Zahavi. El juez marcó penal por esa falta y expulsó a Berisha. Debió entrar el arquero suplente, que lo atajó.

496

La mayor goleada en un encuentro por la Copa del Rey de España se produjo el 10 de septiembre de 1992 cuando, en los dieciseisavos de final de la 90.ª edición, Murcia le ganó 14-0 a Deportivo Cieza Promesas, para un general de 16-0.

497

El anillo, como premio al jugador más valioso de la Copa Libertadores 2019, lo recibió el brasileño Bruno Henrique. La presea llevaba escrita en inglés la frase *"Best of the tournament"*, lengua que no se habla en ninguno de los países representados en la competición.

498

La directora técnica portuguesa, Helena Costa, organizó campeonatos y cursos para directores técnicos de la FIFA en países de Medio Oriente y creó toda la estructura del fútbol femenino de Catar. También dirigió a las selecciones femeninas de ese último país y de Irán.

499

En 2019, la Legislatura de la Ciudad de Buenos Aires declaró al 21 de agosto como el Día de las Futbolistas Argentinas, en homenaje a las jugadoras que participaron del Mundial de 1971, disputado en México. El 21 de agosto de ese año, Argentina jugó contra Inglaterra y ganó con 4 goles de Elba Selva.

500

Cuando el Sunderland de Inglaterra fichó, en 1999, al sueco Stefan Schwarz, uno de los representantes del futbolista tenía un pasaje para un vuelo espacial que iba a ser lanzado en 2002. Por temor a que se llevara al jugador con él, el Sunderland le prohibió a Schwarz, por contrato, hacer viajes espaciales. El vuelo nunca despegó pero a Schwarz le quedó de apodo "El Astronauta".

501

Italia no logró clasificar para Rusia 2018 y el arquero Gianluigi Buffon perdió la posibilidad de participar de un sexto Mundial, que le hubiera dado un récord histórico de asistencia en el certamen.

502

En el Mundial de Inglaterra 1966, Corea del Norte pasó a la segunda ronda. Fue inesperado hasta para el equipo coreano, que no había reservado alojamiento. Una congregación religiosa aceptó albergarlo.

503

El delantero argentino Mauro Icardi jugó en diferentes categorías juveniles del Barcelona. En 2011 fue prestado a la Sampdoria de Italia y nunca más volvió a vestir los colores del club catalán.

504

Mallorca y Real Zaragoza ganaron la Supercopa de España sin haber logrado un título en la Liga de Primera división.

505

En América Latina, 8 de cada 10 personas ven los partidos por televisión en familia y 6 de cada 10 los disfruta en compañía de sus amigos.

506

Los dorsales retirados del club PSV de Holanda
y que los jugadores no pueden usar son el número 12,
porque considera que le corresponde a los hinchas,
y el 99, porque es de Phoxy, la mascota del equipo.

507

El San Jose Earthquakes (Terremotos de San José)
equipo de la liga de fútbol de Estados Unidos, entre 1994
y 1999 se llamó San José Clash.

508

En 2018, el presidente del Napoli de Italia, Aurelio De
Laurentiiss, afirmó que los partidos de fútbol eran
demasiado largos y que se deberían jugar dos tiempos de 30
minutos, con un intervalo de 2 o 3 minutos entre ambos.

509

La revista inglesa *FourFourTwo* hizo una lista con
los 100 futbolistas más locos de la historia de ese deporte.
En ella aparecen, entre otros, el inglés Gascoigne,
el búlgaro Hristo Stoitchkov, el salvadoreño "Mágico"
González y el argentino Diego Armando Maradona.

510

Kitty Thorne fue fan del Bristol Rovers de Inglaterra durante 65 años y no faltó a ningún partido de su equipo hasta que falleció, en enero de 2020, a la edad de 104 años.

511

El nombre original del club tailandés Bangkok FC es *Krung Thep Mahanakhon Amon Rattanakosin Mahinthara Ayuthaya Mahadilok Phop Noppharat Ratchathani Burirom Udomratchaniwet Mahasathan Amon Piman Awatan Sathit Sakkathattiya Witsanukam Prasit Bravo Association Football Clubes.*

512

Además de los apodos de "petroleros" o "llaneros", a la Selección de Venezuela se la conoce como "vinotinto", nombre con que se hizo popular en el siglo XXI, pero que comenzó a llevarlo en 1938 cuando, en los Juegos Bolivarianos, en Bogotá, el Comité Olímpico Internacional le asignó al equipo el color borgoña.

513

El balón de fútbol actual es un icosaedro truncado que, gracias a una presión interna posterior -obtenida con aire-, se convierte en una pelota. El 86,74% de la esfera está ocupada por 12 pentágonos y 20 hexágonos.

514

Juan Sebastián Verón, volante de la Selección
Argentina en los mundiales de 1998 y 2002, se encintaba
las rodillas luego de sufrir una lesión en 1997. Luego adoptó
esa práctica como cábala.

515

Birgit Prinz, exdelantera germana, fue reconocida
como Futbolista Femenina del Año por la FIFA en 2003,
2004 y 2005. Además, fue galardonada en 8 oportunidades
como la Futbolista Alemana del Año y salió campeona
del mundo en 2003 y 2007.

516

La Selección Argentina de Fútbol para personas con
discapacidad intelectual, conocida como "Los Halcones",
salió subcampeona de la Copa del Mundo Suecia 2018.

517

El seleccionado chileno es el tercer conjunto nacional más
antiguo de América y uno de los 20 más antiguos del mundo.

518

En 1991 y 1993, el director técnico
Alfio "Coco" Basile, llevó a la Selección Argentina
a ganar 2 Copa América consecutivas.

519

El videojuego "FIFA 17 Journey" incorporó por primera
vez el "modo campaña". Cada usuario podía decidir
el futuro de Alex Hunter, una joven promesa del fútbol
europeo de procedencia humilde, que buscaba seguir
los pasos de su abuelo.

520

En Perú se jugó la "Copa Ataúdes 2019" disputada
en el departamento de Puno, en el límite entre Perú
y Bolivia. En el torneo, organizado por las empresas
funerarias de la región, jugaron los equipos de "Último
adiós", "Sueño Eterno", "Camino al Paraíso", "Descanso
y Paz", "Los Ángeles" y "Diosito Espérame". El campeón
ganó un ataúd de lujo, valuado en 1300 dólares.

521

Cuando Mario Balotelli fue al Liverpool, en 2014,
en su contrato tenía una cláusula por la que el club se
comprometía a darle un bonus de un millón de libras " si
al final de cada temporada el jugador no ha sido expulsado
en tres o más ocasiones por comportamiento violento".

522

En la Superliga Argentina 2020, solo dos jugadores
no nacieron en el continente americano: Luis Leal,
de Portugal, y Dylan Gissi, oriundo de Suiza.

523

El grupo de cumbia "La Banda del Tigre Ariel" compuso un tema en honor a Messi, llamado "El pie de oro llegó".

524

El brasileño Gabriel Jesús publicó una foto suya en Twitter de cuando tenía 17 años y pintaba, descalzo, las calles de Brasil, antes del Mundial 2014. Cinco años después ya era estrella del Manchester City y de la selección brasileña.

525

En los torneos de fútbol de los Juegos Olímpicos de Atlanta 1996, las mujeres hicieron más goles que los hombres, cometieron menos faltas y jugaron más tiempo neto.

526

Vicente Navarro, aficionado del Valencia de España, perdió la vista a los 54 años pero siguió concurriendo al estadio con su hijo, que le relataba los partidos.

527

Cristiano Ronaldo le regaló a su agente y amigo, Jorge Mendes, con motivo de su boda, una isla en Grecia cuyo valor oscilaría entre 3 y 50 millones de euros.

528

El 26 de octubre de 1991 se llevó a cabo el primer
Campeonato de Fútbol Femenino en Argentina, con ocho
equipos: Boca Juniors, Excursionistas, Independiente,
Yupanqui, Deportivo Español, Deportivo Laferrere,
Sacachispas y River Plate, que se consagró campeón.
Al año siguiente, lo ganó Boca.

529

**En el Mundial de Rusia 2018, ningún futbolista
pesó 100 kilos o más.**

530

En sus comienzos, el Barcelona lucía el escudo
de la ciudad. En 1910 se convocó un concurso para buscar
una imagen propia. El ganador fue un socio: Santiago
Femenia. Su escudo combinó los colores del club
con símbolos representativos de Barcelona y Cataluña.
Aún hoy se mantiene vigente, con algunas variantes.

531

En 2018, el francés Franck Ribér, tras la derrota
del Bayern Múnich con el Borussia Dortmund por 3-2,
insultó y abofeteó a un periodista de su país que había
cuestionado su rendimiento en el club alemán. Días
después, se disculpó públicamente por su accionar.

532

En el triunfo de Uruguay sobre Chile, en Maracaná,
por la Copa América de 2019, Luis Suárez pidió penal
por mano del arquero chileno.

533

Entre 1973 y 1989, la Copa Oro de la Concacaf se ensambló
a la ronda final de las clasificatorias para la Copa Mundial.
En la actualidad, el torneo sirve para clasificar a la Copa
FIFA Confederaciones (exCopa Rey Fahd).

534

En francés, *Tirsau but* es penal y *Coup franc,* tiro libre.

535

Mario Gómez, delantero de Alemania en 2006, en la previa
de los partidos no cantaba el himno nacional porque,
de joven, una vez no lo hizo y luego marcó un tanto.

536

El Chesterfield FC de Inglaterra creó el *"walking football"*,
fútbol destinado a personas de 50 a 80 años, para que
puedan revivir la emoción de practicar el deporte.
Las reglas son similares al fútbol sala, con 5 jugadores
por equipo que tienen prohibido correr y, si lo hacen,
son sancionados con falta.

537

La Copa Mundial de Fútbol Playa de FIFA se llamó
originalmente Campeonato Mundial de Fútbol Playa.
Se juega cada dos años y en su etapa final participan
16 selecciones. El primer torneo en 1995 fue en
Río de Janeiro, Brasil, país que lo ganó.

538

En octubre de 2018, los argentinos Isabel Pertierra y
Santiago Dalto, un matrimonio hincha de Gimnasia
y Esgrima de La Plata, firmaron un testamento en
el que donaban todos sus bienes a la institución con
la sola condición de que fueran destinados a construir
infraestructura para las inferiores del club.

539

En el futbol playa, Tahití es uno de los mejores equipos del
mundo. Ha salido subcampeón en los mundiales de 2015 y 2017.

540

El transportista Michael Garbe, fanático del Hamburgo
de Alemania, llegó a tener una flota de 180 camiones
pintados de azul y decorados con el emblema del club.

Como al Mundial de 1930 no fueron muchos equipos
europeos, en represalia, Uruguay no participó en
el de Italia 1934 ni en el de Francia 1938.

Por sus condiciones climáticas, Groenlandia no tenía
una cancha que cumpliera con las normas internacionales.
En 2009 FIFA financió la construcción del primer
campo de juego hecho con césped artificial.

En 2019, la Asociación del Fútbol Argentino amplió
los derechos de las futbolistas en el ámbito profesional
y semiprofesional. A partir de ahí, las jugadoras
conservan sus contratos en caso de embarazo,
que dejó de considerarse "una lesión".

**Al club Leganés de España, se lo conoce
también como "pepineros".**

Panamá se clasificó por primera vez
a un Mundial en Rusia 2018, dejando afuera entre otras,
a la Selección de Estados Unidos.

546

En una de las cláusulas del contrato que el defensor
inglés Spencer Prior firmó en 2001 con el Cardiff,
se le exigía comer testículos de cordero con limón
y salsa de perejil, un plato típico del Líbano, de donde
era oriundo el presidente del club galés, Sam Hammam.

547

De acuerdo a algunos registros, en San Pablo y en Río de
Janeiro, Brasil, durante las primeras décadas del siglo XX
ya había equipos femeninos de fútbol. En los años '40, al
menos 10 equipos de mujeres competían en torneos en Río.

548

Las selecciones de Francia y Argentina son las únicas
que ganaron la Copa Mundial, la Copa Confederaciones,
la Copa Intercontinental de Selecciones (Copa Artemio
Franchi), sus torneo regionales (Eurocopa y Copa América,
respectivamente) y los Juegos Olímpicos.

549

Ariel Prat, músico de la banda de rock argentina Bersuit
Bergarabat, le dedicó al técnico de River, Marcelo Gallardo,
un tema llamado "La del Muñeco". En su letra dice:
*"Muñeco de tu mano/ A la gloria viajamos, /el muñeco de
Merlo /de Madrid y Japón./ Muñeco al mundo entero,/es
Marcelo Gallardo: Muñeco iluminado ¡Muñeco emperador!"*

En los 21 mundiales disputados hasta 2018 se marcaron 2548 goles; 53 fueron en contra.

En 2015, el delantero del Real Madrid, Karim Benzema, se compró un balón de diamantes valuado en más de 212 000 euros.

En Paraguay, en 1911, una mujer integró un equipo masculino de primera división en un campeonato oficial. Ocurrió en el partido entre Nacional y Olimpia, y según las crónicas de esa época *"en el equipo de Nacional tomó parte una amateur del bello sexo"*.

Solo un seleccionado caribeño ha ganado el título de la Copa de Oro Concacaf: Haití, en 1973.

Al año 2020, Cristiano Ronaldo era el personaje público con el mayor número de seguidores del mundo en la red social Facebook: más de 149 millones.

555

El Huemul de Plata es el premio con el que se corona
al campeón de la Primera División de Chile.

556

El francés Claude Leroy dirigió a diferentes selecciones de
África, en la Copa de Naciones de ese continente: Congo,
Camerún, Senegal, Ghana, República Democrática del
Congo y Togo. Con Camerún salió campeón en 1988.

557

Apodos extraños de jugadores: Ronald "Copito de Nieve"
Koeman; Christian "Bobo" Vieri; Arturo "Celia Punk" Vidal.

558

El Campeonato de Europa UEFA Sub-21 nació en 1967
pero recién en 1976 se realizó de manera oficial. El primer
campeón fue el desaparecido país de Yugoslavia.

559

Joan Gaspar, expresidente del Barcelona, se disfrazó de
camarero para poder llegar al cuarto del hotel en el que
se alojaba el delantero brasileño Ronaldo Nazario. Así
consiguió que firmara su contrato con el club azulgrana.

560

El Clásico Tapatío es el nombre que reciben los partidos
en el que se enfrentan los dos equipos más representativos
de Guadalajara: el Chivas y el Atlas. Data de 1916, por lo
que es también el más antiguo del fútbol mexicano.

561

El británico Tim Jahnigen creó una pelota indestructible
en 2014. Está construida con espuma de poliestireno,
un material que no se pudre ni se enmohece. Resistente a
los impactos, tiene una válvula que le permite
volver a recobrar su forma incluso después de haber sido
impactada por un auto.

562

La Liga de Fútbol Inclusiva es una competencia
argentina creada en 1998 por la Asociación Civil Andar
para personas con y sin discapacidad de distintos puntos
de ese país y de Latinoamérica. Con más de 6000
participantes en Argentina, es el torneo de fútbol inclusivo
más importante de América Latina.

563

En 2017, una funeraria española, denominada
"Mi último capricho", ofreció a la venta ataúdes
con la forma del estadio Santiago Bernabéu.

564

En el mundial 2014, el alemán Mario Götze se convirtió
en el primer jugador en hacer el gol de la victoria en
una final tras ingresar en reemplazo de un compañero.

565

En 2011 el delantero camerunés Samuel Eto'o
fichó por el Anzhi Makhachkala de Rusia. En su contrato
especificó que residiría en Moscú y que iría a Makhachkala
solo los días de partido, por lo que el club debía poner
un jet privado a su disposición para trasladarlo
al estadio o cuando lo considerara necesario.

566

En 2002 surgió la Copa Mundial Femenina
de Fútbol Sub-20. Al principio fue un torneo Sub-19,
pero en 2006 se elevó el límite de edad.

567

Aunque geográficamente se encuentra
en Sudamérica, la Selección de Guyana optó -al igual
que sus vecinos, Surinam y Guayana- por competir
en la Concacaf. Hasta que el país se independizó del Reino
Unido, en 1965, el nombre del combinado era "Selección
de fútbol de la Guayana Británica". Debutó en 1905
con una derrota ante Trinidad y Tobago, por 4-1.

568

En 1910, el seleccionado paraguayo jugó
por primera vez fuera de su país. Viajó en barco
a la ciudad argentina de Corrientes para enfrentar
al club local Hércules. Empataron 0-0.

569

En la Copa América de 1942, Chile decidió lucir
la camiseta enteramente roja. Antes era blanca
y roja con diversas variantes.

570

Muchos futbolistas brasileños se nacionalizaron
y representaron a selecciones de otros países. Han jugado
para Argentina, Alemania, Australia, Armenia, Bélgica,
Bielorrusia, Bulgaria, Burkina Faso, Catar, Chile, Costa
Rica, Croacia, España, Estados Unidos, Guinea Ecuatorial,
Holanda, Hungría, Israel, Italia, Japón, México, Portugal,
Polonia, Timor Oriental, Togo, Túnez, Turquía, Uruguay,
Vietnam, Bolivia, Perú y Ucrania.

571

Los colores amarillo y negro que identifican a Peñarol
de Uruguay fueron tomados de una locomotora llamada
"Rocket" y son característicos de los gremios ferroviarios.

572

Por los cambios que ha sufrido el balón de fútbol, de 1966 a 2010 su velocidad creció en casi 1,20 metros por segundo.

573

Bangkok, la capital de Tailandia, participó en el proyecto *"The Unusual Football Field"*. Allí, la empresa "AP Thai" construyó canchas en formatos pocos convencionales, con forma de "L" o "V" y campos de juego con esquinas y desniveles.

574

Para los Juegos Olímpicos de 1924, los periodistas franceses querían conocer el secreto de la habilidad de los futbolistas uruguayos para eludir rivales. El jugador José Leandro Andrade les dijo que se entrenaban corriendo gallinas, hecho que no era verdad. Pero los periodistas lo creyeron y lo publicaron.

575

En la Copa África del 2002, el portero senegalés Tony Sylva fue acusado de contratar a un brujo que le fabricó un ungüento especial con el que frotó los postes de su arco. En ese torneo, Sylva estuvo 358 minutos sin que le hicieran un gol.

El actual trofeo de la Copa Libertadores está diseñado para ser cubierto de placas con los nombres de los ganadores hasta la edición de 2031.

En uno de los libros de Sherlock Holmes *"The Missing Three-Quarter"*, el famoso detective dice: *"Los partidos de fútbol no están en mi horizonte en absoluto"*.

La Selección Argentina salió subcampeona en el torneo Sudamericano Femenino en los años 1995, 1998, y 2003. En 2006 ganó el campeonato.

Yoichi Takahishi, creador de la serie "Super Campeones" fue invitado por el Barcelona y la Juventus a presenciar partidos en sus estadios. Agradecieron así que el japonés incluyera a esos equipos en una de las series manga más populares de la historia.

Víctor Hugo Antelo marcó 350 goles en las 18 temporadas que jugó en la primera división de Bolivia.

581

En Rusia 2018, el mexicano Rafa Márquez se convirtió en el tercer jugador en la historia en disputar 5 copas del mundo.

582

Messi anotó en los 3 primeros partidos de Argentina del Mundial 2014. El anterior argentino en lograrlo fue el delantero Omar Corbatta, en 1958.

583

La estadounidense Mia Hamm ganó 2 Copas del Mundo, 2 medallas de oro olímpico y 4 campeonatos nacionales universitarios en Estados Unidos. Elegida como jugadora del año de la FIFA en 2001 y 2002, fue la primera mujer en ser incluida en el Salón de la Fama del Fútbol Mundial, situado en Pachuca, México, en 2013.

584

En 2019, los equipos mexicanos más mencionados en Twitter fueron América y Tigres.

585

El *Beşiktaş* de Turquía, creado en 1903, no era originariamente un club de fútbol. Sus primeros deportes fueron la lucha y el boxeo.

586

En Japón, los primeros contactos con el fútbol fueron en 1873, cuando oficiales de la Armada Británica llevaron el deporte a la ciudad de Yokohama. Aunque el país durante años no tuvo una gran tradición futbolera, cuenta con la competición deportiva japonesa más antigua, la Copa del Emperador, que se jugó por primera vez en 1921.

587

Los árbitros cobran más sanciones a los equipos con uniformes de colores oscuros. Por otra parte, según las estadísticas, un mismo equipo que viste de negro juega en forma más agresiva que cuando viste de blanco.

588

La actuación oficial del francés Kylian Mbappé en el Mónaco fue el 2 de diciembre de 2015. Así se convirtió en el debutante más joven del club, con 16 años y 347 días, rompiendo el récord del delantero Thierry Henry, vigente durante 21 años.

589

El jugador brasileño Marcelo, que ha jugado en el Real Madrid, no colecciona camisetas de sus rivales y compañeros, sino botines de fútbol.

590

Brasil, como país invitado, logró el segundo puesto en la Copa de Oro Concacaf de 1996. Cayó con México en la final. En 2003, volvió a salir subcampeón, perdiendo nuevamente con la selección mexicana.

591

Como el ambiente previo a la final del Mundial de 1930 entre Uruguay y Argentina era muy tenso, el árbitro belga Jean Langenus exigió un seguro de vida para dirigir el encuentro. Tras la victoria de Uruguay, el público invadió el terreno. Langenus se escondió en el camarín por más de 3 horas y luego escapó rumbo al puerto, disfrazado de policía.

592

Manchester City volvió a salir campeón de la Premier League en 2012, 44 años después de su anterior logro.

593

El argentino Marcelo Barovero fue arquero titular, capitán y campeón con River Plate de Argentina. También fue elegido mejor arquero del fútbol argentino y mejor arquero del continente americano varias veces y formó parte del top 10 mundial de guardametas. Sin embargo, nunca tuvo la oportunidad de lucirse con la Selección Argentina.

594

El fútbol es el deporte en el que, contra todo pronóstico, un equipo en inferioridad de condiciones puede derrotar más veces al más poderoso.

595

En el Mundial de Rusia 2018, 3 jugadores fueron los más delgados del torneo. Tanto el mexicano Javier Aquino, como el marroquí Mbark Boussoufa y el japonés Takashi Inui, pesaron 59 kilos.

596

En 2015, el club argentino Boca Juniors, al ganarle a Jacksonville 4-2, logró su primer victoria sobre un equipo norteamericano en tierras estadounidenses.

597

En 2018, el alemán Mesut Özil, estando lesionado, podía jugar 5 horas seguidas al videojuego Fortnite durante su período de recuperación.

598

Se las apoda "bolsilludas" a las integrantes del equipo femenino de Nacional de Montevideo, Uruguay. Participa en los torneos de Fútbol femenino de la Asociación Uruguaya desde su creación, en 1997.

599

La Selección de Occitania representa a una región del mismo nombre conformada por territorios de Francia, España e Italia donde se habla occitano, una lengua romance utilizada por más de dos millones de personas. Por no ser un estado soberano no es reconocida por la FIFA y no puede participar en los torneos que organiza.

600

En 2020 falleció, a los 93 años, Amadeo Carrizo. La IFFHS (Federación Internacional de Historia y Estadística del Fútbol) lo eligió como el mejor arquero del Siglo XX. Titular de River Plate durante 21 años consecutivos, fue el primero en Argentina en usar guantes para atajar.

601

En 2009, durante el entretiempo del partido Boca-Chacarita que se disputaba en La Bombonera, el cantante Daddy Yankee grabó el clip de su tema "Grito Mundial".

602

En Brasil 2014, el holandés Tim Krul fue el primer arquero en ingresar exclusivamente para la definición por penales. Atajó 2 y su equipo pasó a semifinales.

El fútbol playa no tiene que ser jugado obligatoriamente en una playa, pero sí sobre arena.

604

En 2019 se estrenó "Messi10", un espectáculo de "Cirque du Soleil" que narraba la historia de un joven decidido a superar cualquier dificultad para llegar a ser el mejor futbolista del mundo.

605

El director técnico brasileño Tité es devoto de la Virgen Nossa Senhora Aparecida. Antes de cada cotejo arma un pequeño santuario en los vestuarios para rezar por su equipo. La mañana previa a los partidos va a la iglesia y regala a sus jugadores pulseras de santos y de la virgen para que les dé fuerza y los proteja durante los encuentros.

606

En la Champions 2020 fueron eliminados, en octavos de final, los equipos de Tottenham y Liverpool, que habían sido finalistas en 2019. La última vez que había sucedido esto fue en 2007, cuando Barcelona y Arsenal, finalistas de 2006, quedaron fuera del torneo en esa misma instancia.

607

Después de la Segunda Guerra Mundial, el argelino
Ahmed Ben Bella jugó algunos partidos como
mediocampista en el Olympique de Marsella. Pero dejó
las canchas para luchar por la emancipación de su país
y, en 1963, pasó a la historia como el primer Presidente
de la República Argelina Democrática y Popular, tras
lograr la independencia de los franceses.

608

Manolo Sanchís y Manolo Sanchís Junior,
padre e hijo, jugaron en diferentes épocas para
el Real Madrid. Los dos eran defensores y ambos ganaron
la Copa de Europa. Para la Selección de España,
el padre jugó un Mundial y el hijo, dos.

609

Las gradas del estadio Mmabatho de Sudáfrica
tiene sectores cuyos asientos no miran directamente
al terreno de juego. Para ver el partido, la gente tiene que
torcer su cabeza.

610

En la Primera División Femenil de México, creada
el 5 de diciembre de 2016, los equipos deben tener 21
jugadoras de categoría Sub-23, 4 Sub-17, y 2 de cualquier
edad, pero todas de nacionalidad mexicana.

611

En el 2011, durante el partido entre Victoriano Arenas y
Claypole, de la primera D argentina, el árbitro Damián
Rubino expulsó a 36 jugadores, incluidos los suplentes.

612

En Rusia 2018, algunas camisetas oficiales llevaron
inscripciones en sus cuellos. La de Colombia decía, "
Unidos por un país"; la de Rusia, *"Juntos por la victoria"*;
la de Francia, *"Nuestras diferencias nos unen"*; la
de Panamá, *"Alcanzamos por fin la victoria"*.

613

En los Juegos Olímpicos de Amberes 1920,
en Bélgica, se produjo el debut de la primera selección
no europea en ese evento deportivo: Egipto.

614

**El 4.25 es un equipo de Corea del Norte. Se llama así
por una fecha histórica de ese país.**

615

El clásico más importante del fútbol peruano
es el de Alianza Lima y Universitario. Supera en cantidad
de partidos a otros clásicos, como Boca-River o Real
Madrid-Barcelona.

616

La Liga de Campeones de la Concacaf es un torneo
también conocido como Concachampions, en el que
compiten clubes de América del Norte, América Central
y el Caribe. Creada en 1962, Deportivo Guadalajara
fue su primer campeón.

617

Brasil 2014 fue el primer Mundial en colocar sensores
en los arcos para evitar los "goles fantasmas"
y convalidar aquellos que sí cruzaron la línea de gol.

618

Liam Gallagher, uno de los fundadores de la banda
inglesa "Oasis", fue expulsado del Estadio Bernabéu
en 2012, por celebrar un gol del Manchester City
al Real Madrid besando a un guardia de seguridad.

619

El futbolista Neymar se iba a llamar Mateus. Pero
al verlo por primera vez, su madre Nadine y su padre
Neymar decidieron que se llamara Neymar, como él.

620

El 17 de febrero de 2016, ante el Gijón, Messi anotó el gol
número 10 000 de la historia del Barcelona.

621

La selección ganadora de la Eurocopa se lleva
el trofeo Henri Delaunay, que fue el primer secretario
general de la UEFA y creador del torneo. El equipo que
se proclama campeón en 3 ocasiones consecutivas
o 5 en total recibe una réplica del trofeo.

622

**En 1966 se tardaba 38,12 segundos en el saque de faltas.
Para 2026 se cree que se llegará a los 72,41 segundos.**

623

El delantero inglés Kevin Keegan, apodado " Super Ratón"
y mejor jugador de Europa en los años 1978 y 1979,
tenía como cábala esperar en el vestuario a que todos
sus compañeros se vistieran antes que él. En ocasiones
salía al campo sin haberse puesto el uniforme completo.

624

La Selección de Kiribati, país próximo a Fiji, en 3 ediciones
de los Juegos del Pacífico (1979, 2003 y 2011) jugó 11 partidos
de los cuales fue vencido en 10 y empató 1, que luego
perdió por penales. En el torneo Suva 2003, Kiribati perdió
3-2 ante Tuvalu; 7-0 con las Islas Salomón; 12-0 a con Fiji
y 18-0 frente a Vanuatu. En los Juegos de Numea 2011
fue superado 9-0 con Fiji; 3-0 ante las Islas Cook y 17-1
frente a Papúa Nueva Guinea.

625

En el Mundial de Brasil 2014, por primera vez en la historia, la FIFA aprobó los tiempos muertos en los partidos para evitar la deshidratación de los jugadores. Para usar esa regla, el estadio donde se jugaba el encuentro debía tener una temperatura ambiente de 32°.

626

En 2019, a más de 3 años del Mundial 2022, la Selección de Bután ya había sido eliminada para la competición. Le ganó a Guam por 1-0 de local, pero luego de visitante perdió 5-0 y ya no tuvo chance de participar del certamen.

627

La North American Soccer League (NASL) fue, entre 1968 y 1984, la liga de fútbol profesional más importante de los Estados Unidos y Canadá. Luego de una temporada regular se jugaban playoffs y una final: el Soccer Bowl. Cracks como Pelé, Johan Cruyff o Franz Beckenbauer jugaron allí en sus últimos años de carrera.

628

La Copa CCCF es el torneo precursor de la actual Copa de Oro de la Concacaf. Se jugó a partir de 1941. Costa Rica ganó 7 de las 10 ediciones disputadas.

629

El argentino Antonio "El Turco" Mohamed, jugando para
el Toros Meza de México a mediados de la década de 1990,
fue uno de los primeros jugadores que empezó a teñirse
el cabello de diferentes colores.

630

**Nombres divertidos de equipos peruanos: Independiente
Bigote, Deportivo Trago Corto, Sport Grasa, Ganso Azul.**

631

En 1907 se fundó el club Boca-Alumni. Su casaca era roja
y blanca a rayas verticales. Cuando en 1922 ascendió a
primera división jugó contra Boca Juniors y le ganó 2-1.
Desapareció en 1932.

632

Según estudios psicológicos, un jugador que cae cerca
de un árbitro tiene 3 veces más probabilidades de obtener
un tiro libre que alguien que juega más lejos.

633

El argentino José Pekerman es el primer director
técnico en lograr 3 títulos en mundiales de fútbol Sub-20:
en 1995, 1997 y 2001; todos con Argentina.

634

Bélgica y Estados Unidos se midieron por primera
vez en un Mundial en 1930 y recién volvieron a enfrentarse
84 años después. Es el mayor tiempo transcurrido
en la historia del torneo de un partido protagonizado
por los mismos rivales.

635

En marzo de 2020, en la última fecha de la Superliga
argentina, River llegó con un punto de ventaja sobre Boca.
El jugador brasileño Felipe Melo, confeso hincha de los
xeneises, vaticinó: "River empata 1-1, Boca gana 1-0, y Boca
sale campeón". Exactamente esos fueron los resultados
y el equipo azul y oro se quedó con el torneo.

636

Al día siguiente de conquistar la Copa Libertadores
de 2019, Flamengo de Brasil ganó el campeonato Brasileirao
sin jugar, tras perder el Palmeiras -su rival directo
por el título- con Gremio de Porto Alegre.

637

El primer campeón de la FA Cup de
Inglaterra fue Wanderers, un equipo de exalumnos
de colegios privados de Londres: ganaron el torneo
5 veces en sus primeras 7 ediciones.

En 1973, Argentina y Brasil participaron del Torneo Junior de Cannes, en Francia, donde los partidos que terminaban empatados se definían por la mayor cantidad de tiros de esquina que hubiera tenido cada equipo durante el encuentro.

El Estadio Bicentenario de Chinquihue, de Chile, es el más austral del mundo. Fue la primera cancha de América del Sur que colocó césped sintético, en 2001.

La Universidad Católica disputó el primer clásico contra la Universidad de Chile en 1909. Empataron 3-3.

Los Angeles Galaxy es uno de los 10 clubes que en 1996 fundaron la MLS, en Estados Unidos, y el que tiene la asistencia de público más alta en toda la historia de la liga.

Carlos Hermosillo, uno de los más grandes goleadores en la historia de Cruz Azul de México, fue el máximo goleador del club durante 3 temporadas consecutivas, de 1993 a 1996.

643

El seleccionado de fútbol de Catar, país que FIFA designó en 2010 anfitrión del Mundial 2022, nunca pudo representar a Asia en ese certamen.

644

Tres trofeos distintos se usaron desde el inicio de la Copa Libertadores. El argentino Estudiantes de La Plata ganó el torneo 3 veces seguidas y en 1970 se quedó definitivamente con el primero. Pasó lo mismo con Independiente de Argentina, por lo que en 1974 se adjudicó el segundo trofeo a perpetuidad. Fue reemplazado por la copa actual, que fue entregada por primera vez en 1975 a... Independiente, que volvió a salir campeón y es el único equipo en haber tenido en sus manos los 3 trofeos de la Libertadores.

645

En China, todos los años se celebra el *"Harbin International Ice and Snow Festival"*. Entre otras actividades, se juega fútbol sobre hielo.

646

Según un estudio de la Universidad Vrije de Ámsterdam, Holanda, el 95% de las veces que un árbitro asistente marca un *off-side*, está en lo cierto.

647

La primera Copa Mundial Femenina de Fútbol Sub-17
se jugó en 2008, en Nueva Zelanda. Corea del Norte
ganó el torneo, hazaña que repitió en el Mundial 2016.

648

Carlos Busquets, padre de Sergio Busquets, múltiple
campeón con el Barcelona y campeón del mundo con
España en 2010, fue arquero suplente del Barça durante
la mayor parte de la década de 1990.

649

En Rusia 2018, el arquero egipcio Essam El-Hadary
se convirtió en el futbolista más longevo en disputar
un partido en un Mundial. Al jugar ante Arabia Saudita
tenía 45 años y 161 días. Rompió el récord establecido
por el colombiano Faryd Mondragón en 2014, con 43 años.

650

En la serie animada japonesa "Los Supercampeones",
el protagonista, Oliver Atom, y su equipo tardaban
hasta 3 capítulos de 30 minutos en llegar hasta el otro
extremo del terreno de juego. Un físico japonés calculó
la dimensión que debería tener esa cancha y el resultado
fue de 18 kilómetros entre una portería y otra.

651

Un deportista de élite como Messi puede llegar
a distinguir 7 puntos dentro del campo de juego
en 1 segundo. Un jugador promedio, solo 3.

652

En 2015, la futbolista Marta alcanzó la marca
de 98 goles con la Selección de Brasil, superando
el récord de Pelé y convirtiéndose así en la máxima
goleadora de su país, tanto en la rama masculina
como en la femenina. En 2019, con 17 tantos, se convirtió
en la máxima goleadora en la historia de los Mundiales,
superando al alemán Miroslav Klose.

653

Uno de los primeros clubes de fútbol de Asia
se fundó en India, en 1872: Calcutta FC. Sin embargo,
India es el país más poblado que no ha asistido nunca
a un Mundial de fútbol.

654

El Ciclobol es jugar al fútbol en bicicleta. Se creó en
el siglo XIX. Es muy popular en países como Japón o
Alemania y hasta tiene su propio campeonato mundial.

655

Racing Club es el primer campeón del fútbol profesional argentino que se mantuvo primero en la tabla de posiciones desde la primera hasta la última fecha, en 1961.

656

El exentrenador del Barcelona, Carles Rexach, solo necesitó unos minutos para recomendar el fichaje de Messi, a quien vio jugar por primera vez cuando Lio tenía 12 años.

657

El costarricense Keylor Navas es el primer arquero extranjero que llegó a jugar 100 partidos en la liga española para el Real Madrid.

658

Hasta 2019, Flamengo de Brasil y River de Argentina jugaron 5 partidos por la Copa Libertadores. En ninguno pudo ganar el equipo argentino.

659

En Sudáfrica 2010, Alemania venció a Argentina por 4-0. Fue la derrota más grande de la selección blanquiceleste en un Mundial por casi 40 años. La anterior había sido 4-0 frente a Holanda, en Alemania 1974.

660

El paraguayo Roberto Acuña, "el Toro", en su
juventud quiso jugar para Independiente de Argentina.
Lo rechazaron. Su familia volvió a Paraguay donde se
consagró como futbolista. De allí pasó a jugar
en Argentina. Primero en Argentinos Juniors,
luego en Boca y finalmente... en Independiente.

661

El fútbol femenino y masculino participan como
disciplinas deportivas en los Juegos Olímpicos de la
Juventud desde su primera edición, en Singapur 2010.
En esa oportunidad, en el evento femenino, el campeón
fue Chile. Y en el masculino, Bolivia.

662

México recibió por primera vez a un equipo sudamericano
en 1927. El Necaxa jugó con el Colo-Colo de Chile y así se
convirtió en el primer club mexicano en competir contra
uno sudamericano. El equipo chileno ganó 3-0.

663

Los alemanes Tomas Müller (en 2010 y 2014) y
Miroslav Klose (en 2002 y 2006) son los únicos jugadores
en la historia en marcar 5 o más goles en
Mundiales consecutivos.

664

Según datos de UEFA, en el partido por la Champions League del 2016, que ganó el Barcelona por 7-0, el azulgrana tuvo el 67% de posesión de balón contra el Celtic.

665

Un jugador que demora más de 13 segundos en ejecutar un penal desde que el árbitro dio la orden de patearlo hace que el arquero tenga más posibilidades de atajarlo.

666

Desde su creación hasta el 2020, Nigeria ganó 5 campeonatos mundiales Sub-17.

667

Siendo arquera de la Selección Femenina de Canadá, Stephanie Labbe intentó, en 2018, unirse al equipo masculino de los Calgary Foothills.

668

De niño, el jugador Vedran Corluka tuvo huir hacia Croacia, escapando de la guerra civil de Bosnia, su país natal, durante la década de 1990. Años después regresó para financiar y reconstruir la iglesia de su pueblo.

669

En febrero de 2020, un jugador del Fuenlabrada, de la
segunda división española, fue expulsado 2 veces. Cristóbal
Márquez cometió una falta contra su rival, Alex Granell,
y el árbitro le sacó la tarjeta roja. Pero a los 3 minutos
la cambió por la amarilla, tras consultar al VAR.
Márquez volvió al campo y encaró a Granell, por lo que
el juez amonestó a ambos y Márquez fue nuevamente
expulsado por doble amarilla.

670

Un estudio, publicado en 2016 por la agencia internacional
Euromericas Sport Marketing España, reveló que el club
más popular en México es el Guadalajara, con un 44,2%
de aficionados en relación a la población de ese país.

671

**Solo 3 jugadores de Bermudas aparecieron
en el videojuego FIFA 20.**

672

Venta de Baños es un club español fundado en 1943,
de la localidad homónima, que juega en la Comunidad
Autónoma de Castilla y León.

673

En el Juego de las Estrellas de la MLS de Estados Unidos,
en 2018, el portero Brad Guzan fue jugador y comentarista
al mismo tiempo. La audiencia podía escuchar los sonidos
del partido mediante su micrófono.

674

La Selección de País Sículo representa a la región
este de Transilvania, Rumania, habitada principalmente
por húngaros.

675

En los inicios del fútbol para ciegos, a modo de pelota
se usaban latas, botellas plásticas y recipientes rellenos
con piedras, guijarros o cualquier elemento con el que se
hiciera ruido. A fines de los años '70, en Brasil, el profesor
João Ferreira diseñó un balón de cuero con cascabeles
dentro que fabricó un artesano local. En la década de 1990
ese balón fue adoptado oficialmente.

676

En el encuentro por la final de la Champions 2019
entre Tottenham y Liverpool hubo solo 11 faltas
y el árbitro no sacó una sola tarjeta en todo el partido.

677

River Plate, en el partido con el Gama Osaka de Japón
por la Copa Suruga Bank 2015, utilizó su tradicional
camiseta con la banda roja, pero con los apellidos
de los jugadores al dorso escritos en japonés.

678

El jugador galés Gareth Bale, campeón de la Champions
con el Real Madrid, afirmó que lo aburre ver partidos
de fútbol y que prefiere mirar golf.

679

En 2020, por la pandemia de coronavirus, todos
los campeonatos de fútbol europeos y americanos
de clubes fueron suspendidos. También la Copa América
2020 y la Eurocopa 2020 fueron canceladas.

680

El film "Metegol" -o "Futbolín" en España-, dirigido
por Juan José Campanella, es una producción
hispanoargentina de 2013. Inspirada en el cuento
"Memorias de un wing derecho", del escritor argentino
Roberto Fontanarrosa, la película de animación en
3D cuenta cómo los jugadores de un Metegol cobran vida
para ayudar a un chico de pueblo.

681

El arquero costarricense Keylor Navas igualó,
en 2018, el récord del arquero alemán Sepp Maier,
al ganar 3 Champions League de manera consecutiva.

682

El club Estudiantes de La Plata tuvo al primer goleador
del fútbol argentino en la era profesional: Alberto Zozaya,
con 33 goles en el campeonato de Primera División de 1931.

683

En 2019, el Mundial de Fútbol Playa se realizó
en Paraguay. Fue la primera vez que se jugó en
un país que no tiene salida al mar.

684

En 2006, en el Stade de France de París, Barcelona
le ganó 2-1 al Arsenal de Inglaterra, alcanzando
su segundo título de Champions League, 14 años después
de su primer campeonato.

685

Gallos Blancos y Colibríes de Morelos duraron 5 meses
en el torneo nacional de México. Empezaron en enero
y descendieron en mayo de 1995 y 2003, respectivamente.

686

**El delantero francés Olivier Giroud tiene tatuado el Salmo 23
de la Biblia –*"El Señor es mi pastor, no temo"*– en latín.**

687

En la primera final de la FA Cup de Inglaterra,
en 1872, luego de cada gol los equipos tenían que cambiar
de lado. Además, los saques de banda los hacía el equipo
cuyo jugador llegaba primero a la pelota que había
salido del campo.

688

La Selección de Timor Oriental jugó su primer partido
en 2003, pero recién ganó un encuentro el 5 de octubre
de 2012, cuando goleó por 4-0 a Tuvalu.

689

El arquero venezolano Rafael Dudamel ganó torneos
a nivel de clubes en las ligas de Venezuela,
Sudáfrica y Colombia.

690

El jugador congoleño Guié-Mien, amante de la cocina
germana, al firmar su contrato en 1999 para el Eintracht
de Alemania, acordó con el club el pago de un curso
completo de gastronomía para su mujer.

691

El jugador alemán Marco Reus gasta hasta 30 euros
en la peluquería para lograr su particular corte de pelo,
denominado "Pájaro Loco" en honor a un antiguo
dibujo animado.

692

Durante el Mundial de Rusia 2018, una pareja de
ese país, Armen y Lyudmila, se divorciaron después
de 14 años juntos, porque Lyudmila se burló del máximo
ídolo de su marido: Lionel Messi.

693

En la Copa América de Ecuador 1947, el dirigente argentino,
Tomás Adolfo Ducó, definió la delantera del seleccionado
albiceleste por los resultados de una encuesta que realizó
entre los aficionados. Salieron campeones.

694

**El tiempo neto de juego disminuyó considerablemente
en el período 1966-2010, pasando del 64,23% al 53,66%.**

695

En el Mundial de Suiza 1954, el seleccionado local cayó 7-5
con Austria en cuartos de final. Recién en 2014 otro país
anfitrión recibiría 7 goles: Brasil contra Alemania.

Para la final de la Copa del Rey de 2017, entre Barcelona
y Alavés, varios aficionados alavesistas hicieron
el trayecto de 361 kilómetros desde su ciudad, Vitoria,
al antiguo estadio Vicente Calderón de Madrid,
en bicicleta. Barcelona ganó 3-1.

**El Genoa fue el primer club fundado en Italia, en 1893.
En 1898 se consagró primer campeón del fútbol de su país.**

En su primera etapa en Boca Juniors, Martín Palermo
jugó un total de 124 partidos y marcó 91 goles,
que ayudaron a su equipo a obtener 5 títulos, como
la Copa Libertadores y la Intercontinental del año 2000.
En su segunda etapa disputó 280 partidos, en los que hizo
145 goles y logró 9 campeonatos.

El club Nantes de Francia utiliza una pastilla
inteligente que, mediante un sensor de temperatura,
monitorea al futbolista cada 30 segundos para evitarle
el sobreesfuerzo físico.

700

Defensores que durante su carrera han sobrepasado
los 100 goles: el holandés Ronald Koeman con 253;
Daniel Passarella con 175; Fernando Hierro con 163. Al año
2020, Sergio Ramos había llegado a marcar 115 tantos.

701

La primera vez que la Copa América se disputó
fuera de suelo sudamericano fue en Estados Unidos,
en la edición especial de 2016, para conmemorar
el Centenario del torneo.

702

El 12 de octubre de 1916, un grupo de estudiantes mexicanos
de 13 años, encabezados por Rafael Garza Gutiérrez,
Germán Núñez Cortina e Ignacio de la Garza, fusionaron
sus equipos de fútbol, Récord y Colón, y formaron uno
nuevo. Como ese día se recordaba la llegada de Colón,
decidieron ponerle de nombre "América".

703

En 2019, el Tottenham de Inglaterra jugó
su primera final de Champions League. El anterior
debutante en la final fue el Atlético de Madrid,
en 2014. Ambos equipos perdieron.

704

Shakira fue la primera artista en cantar en 3 mundiales de fútbol consecutivos: Alemania 2006, Sudáfrica 2010 y Brasil 2014.

705

Cuando, en 2016, el chileno Manuel Pellegrini dejó de dirigir al Manchester City, el dueño del club le regaló un cuadro valuado en unos 7 millones de euros. Se trata de *"Going to the match"* ("Yendo al partido"), del pintor inglés Laurence Stephen Lowry. La obra retrata el estadio Burnden Park, del Bolton Wanderes, con una tribuna repleta y gente en los alrededores.

706

En 2020, el brasileño Marcelo se convirtió en el decimotercer jugador que alcanzó los 500 partidos oficiales en la historia del Real Madrid. También es el segundo extranjero en llegar a esa cifra. El primero fue el también brasileño Roberto Carlos.

707

Jugando en un torneo de ascenso de la AFA, Leonardo Alvariza Daglio, de Argentino de Merlo, se transformó, en 1996, en el primer arquero de la historia del fútbol argentino profesional en convertir un gol en una jugada.

708

En el Mundial 2018, la Selección de Arabia Saudita detentó la menor estatura del torneo. Su media era de 176,2 cm. de altura, más de 3 centímetros por debajo de otra selección "bajita": la de España, con un promedio de 179,4 centímetros.

709

En 2020, en el partido de Garforth Town ante el Bridlington Town de Inglaterra, Alexander Low, del Garforth Town, recibió dos amarillas seguidas por cometer dos faltas en la misma jugada. Inmediatamente le sacaron la roja.

710

Las ligas regionales de Argentina engloban alrededor de 3600 clubes.

711

El español Ángel Zubieta es el europeo que más partidos disputó en el fútbol argentino: jugó para San Lorenzo durante 13 años, disputó 384 encuentros y marcó 32 goles.

712

Durante la Eurocopa 2016 en Francia, la hinchada de Islandia contrató un avión Boeing 737 para poder ir a ver los partidos de su selección.

713

Ivan Perisic, un año antes de coronarse subcampeón con Croacia en Rusia 2018, defendió los colores de su país en el torneo Porec Major de Beach Volley, disputado en la costa croata. Junto a su pareja, Niksa Dell Orco, perdieron 3 partidos seguidos y fueron eliminados.

714

En el Mundial de Francia 1938, Cuba le ganó a Rumania 2-1 para pasar a cuartos de final. Fue el primer triunfo de una selección de Concacaf en una Copa Mundial logrado en suelo europeo.

715

"World Police & Fire Games" ("Juegos Mundiales de Policías y Bomberos"), es un evento multideportivo que comenzó a celebrarse en 1985, en Estados Unidos. Cuenta con equipos de fútbol femenino y masculino.

716

En 1966 se creó la Confederación de Fútbol de Oceanía. Los miembros fundadores fueron Australia, Nueva Zelanda, Fiji y Papúa Nueva Guinea. En 2006, Australia abandonó la entidad para integrar la Confederación Asiática porque, según sus autoridades, *"necesitaban crecer futbolísticamente"*.

717

La FIRA (Federación Internacional de Asociaciones de Fútbol de Robots) organiza el Mundial de Fútbol de Robots con varias categorías: desde partidos entre humanoides a encuentros entre robots del tamaño de una pequeña caja.

718

En la temporada 2015-16, el PSG de Francia ganó la liga francesa con 31 puntos de ventaja sobre el subcampeón, el Lyon.

719

Eros Zinedine Torres Ambriz y Zinedine Zidane González Pérez nacieron en 2002 y llevan el nombre del jugador y técnico francés. El primero es defensor y el segundo, delantero del fútbol mexicano.

720

El futbolista español Aritz Aduriz márcó más goles en la Liga de España después de cumplir 30 años que de más joven.

721

Todos los años en Japón se lleva a cabo una tradición: en una cancha, 3 futbolistas internacionales, estrellas de la selección nipona, se enfrentan a 100 niños.

722

El documental de 2012, *"120: serás eterno como el tiempo"*, fue dirigido por Shay Levert y narra la historia del Club Atlético Peñarol desde que fue creado, en 1891, hasta lograr el subcampeonato de la Copa Libertadores, en 2011.

723

El arquero Franco Armani, en 2013, jugando para Atlético Nacional de Colombia, logró el récord de 1046 minutos sin recibir goles en 4 torneos diferentes. Eso lo convirtió en el guardameta con el mayor invicto del fútbol colombiano.

724

El 23 de enero de 2010, Murciélagos de Guamúchil, México, se convirtió en el primer equipo del mundo que, mediante la votación de sus seguidores vía internet, decidió los 3 cambios del partido en tiempo real.

725

"Soñadoras" es la canción con la que el grupo Taburete apoyó a la selección española femenina para el Mundial de Francia 2019. Su letra dice: *"Aunque estabais escondidas,/ nacisteis para brillar,/ si la historia es tu camino,/ haz el tuyo hasta el final."*.

En 2019, en el partido entre Chivas y Toluca, anularon un gol de este último, luego de frenar el encuentro y revisar la jugada por el VAR durante 7 minutos.

Colombia es la primera selección que ganó la Copa América sin recibir gol alguno.

En Brasil 2014, por primera vez, 3 selecciones que habían sido campeonas del mundo, no superaron la fase de grupos: España, Inglaterra e Italia.

Javier Mascherano debutó antes en la Selección Argentina que en la primera división de River Plate.

Para la Copa de África 2002, la Confederación Africana de Fútbol prohibió la incorporación de hechiceros a los planteles. Todas las selecciones, salvo Sudáfrica, tenían uno en sus listas de buena fe.

731

En Estados Unidos, el fútbol masculino es practicado mayoritariamente por la colectividad latina. En cambio, en el femenino predomina la comunidad anglosajona.

732

San Martín de Tucumán, Argentina, es el único equipo del mundo en ascender de una liga regional a la Primera División, volver a la categoría anterior y subir otra vez a primera.

733

Hasta 2020, la entrega de la Copa Libertadores al ganador nunca se realizó en Bolivia, en Venezuela ni en México.

734

El 22 de septiembre de 2015, en un partido de Bundesliga, el polaco Robert Lewandowski marcó los 5 tantos con los que el Bayern Múnich venció al Wolfsburgo. El delantero era suplente e ingresó en el comienzo del segundo tiempo. A partir del minuto 51 logró el récord de hacer 5 goles en 9 minutos.

735

River Plate de Argentina fue el primer equipo sudamericano en ser elegido el Mejor del Mundo, en 1998.

736

El delantero inglés, Harry Kane, les puso Brady
y Wilson a sus dos perros, en honor a Tom Brady
y Russell Wilson, ambos mariscales de campo del fútbol
americano y ganadores del Súper Tazón.

737

En febrero de 2020, el jugador hispano-bisauguineano,
Ansu Fati, se convirtió en el futbolista más joven en hacer
un doblete en la Liga de España. Con 17 años y 94 días,
mejoró por 21 días la anterior marca, que estaba en poder
del malagueño Juanmi. Fati hizo sus 2 goles en apenas
103 segundos de juego.

738

El D.C. United, en 1998, fue el primer equipo
estadounidense en ganar la Copa de Campeones
de la Concacaf y la Copa Interamericana.

739

De acuerdo a cálculos y análisis realizados
por computadoras, la final del Mundial de Rusia 2018
la disputarían Brasil y España. La final fue,
realmente, entre Francia y Croacia.

740

En el Mundial 1998, Francia salió campeón pero
su número 9, Stéphane Guivarc'h no hizo ningún gol.
En 2018, Francia volvió ser campeón del mundo
y su número 9, Oliver Giroud, no hizo ningún gol.

741

Los colores rojo y negro del Milan de Italia datan
de sus comienzos. Los eligió el inglés Herbert Kilpin,
uno de los fundadores del club. El rojo, para representar
la pasión de los integrantes del equipo y el negro,
para infundir temor en los rivales.

742

El belga Kevin De Bruyne podría haber integrado la Selección
de Burundi, ex colonia de Bélgica. Su madre es burundesa.

743

El español campeón del mundo, Xavi Hernández,
cumplió 40 años el 25 de enero de 2020 y su esposa
le regaló un baúl de la firma Louis Vuitton que, abierto,
se convertía en un exhibidor de pelotas de fútbol. En
su interior lo esperaba otro regalo: 14 balones de colección
de diferentes mundiales de fútbol.

744

En 1999, durante el partido entre los equipos
mexicanos de Morelia y Pachuca, el árbitro marcó
el fin del primer tiempo al minuto 44. Al señalarle
su error, el juez obligó que regresen a la cancha para
disputar el último minuto a los jugadores, algunos de
los cuales ya se habían ido a los vestuarios.

745

**En el Mundial 2014, Diego Benaglio se convirtió
en el primer arquero suizo en atajar un penal.**

746

El *Foot Pool* es una combinación de fútbol y billar.
Se juega en una superficie gigante fijada al suelo y en lugar
de tacos y bolas se usan los pies y pelotas de fútbol de
distintos colores. La blanca sirve para meter los balones
de otro color en los canastos que hay en los laterales,
intentando que la negra no ingrese antes.

747

Aunque el clásico rival de Huracán es San Lorenzo
de Almagro, en los comienzos del fútbol argentino
la rivalidad directa era con Boca Juniors.

748

El delantero argentino Lautaro Martínez confesó
que, de no haber sido futbolista, hubiera estudiado
la carrera de Nutrición.

749

**Luego de 18 meses de ascender a primera división,
el Xolos de Tijuana ganó la Liga MX–Apertura 2012.**

750

El delantero mexicano Hugo Sánchez fue el máximo
goleador de la Liga española 1989-1990 con el Real Madrid.
Marcó sus 38 goles al primer toque, de remate directo
después de jugadas o centros de sus compañeros.

751

En la Copa América de Chile 2018, el seleccionado
femenino de Argentina posó haciendo el "Topo Gigio"
(gesto creado por Juan Román Riquelme) para "ser
escuchadas". Reclamaban, entre otras cosas, vestimenta
y calzado, lugar para entrenar, el cobro de viáticos y tener
un espacio en el fútbol argentino. En marzo de 2019
la AFA anunció el primer torneo profesional que equiparó
el salario de las jugadoras profesionalizadas al de
un jugador de la Primera C masculina.

**Según datos de la UEFA, la mejor liga europea
2020-2021 fue la inglesa.**

Diseñado por el artista Johan Ferner Stroem,
el "Puckelboll", de Suecia es un campo de césped artificial
con notorias ondulaciones, donde las mitades son
de diferentes tamaños. Además el terreno está lleno
de baches y los arcos tienen postes y travesaños
de forma ondulada e irregular.

Cuando Bélgica organizó la Eurocopa 2000, junto
con Holanda, se convirtió en el primer anfitrión de
la competición que fue eliminado en la primera ronda.

El padre del jugador uruguayo Giorgian Arrascaeta
era jockey y le puso a su hijo Giorgian en honor
a un caballo que él corría y con el que nunca perdió.

**En 1954, el húngaro Sándor Kocsis fue el primer jugador
en marcar 11 goles en una sola Copa del Mundo.**

757

En 1902 se creó la Liga Mexicana de Football Amateur Association. Cinco fueron los equipos pioneros: Pachuca Athletic Club, Orizaba Athletic Club, México Cricket Club, Reforma Athletic Club y British Club. Orizaba fue el primer campeón.

758

Al caer 7-1 contra Alemania en el Mundial 2014, la selección brasileña quebró una racha: no perdía de local desde la Copa América de 1975, cuando cayó ante Perú por 3-1. Ambas derrotas ocurrieron en el mismo estadio, el Mineirao.

759

Frank Lampard, ex jugador de la Selección de Inglaterra, declaró al medio británico "The Sun" que su sueño era jugar un River-Boca en el Monumental vistiendo la camiseta de la banda roja.

760

El delantero español, Raúl, ganó 3 Champions con el Real Madrid, en 1998, 2000 y 2002, la primera de ellas tras 32 años sin que el Madrid lograra el título. Además, fue máximo goleador histórico del torneo hasta que su marca fue batida por Cristiano Ronaldo.

Zdeněk Nehoda es el futbolista que más partidos disputó con la Selección de Checoslovaquia, con quien salió campeón de la Eurocopa 1976. El seleccionado desapareció en 1993, cuando el país se dividió en República Checa y Eslovaquia.

La Copa Asiática, creada en 1956, es después de la Copa América, la más antigua de las competiciones a nivel de selecciones por continente. La Eurocopa comenzó en 1960.

En Brasil 2014, Argentina logró por primera vez triunfar en los 5 primeros partidos de un Mundial.

Hasta el Mundial 2018, en 4 ocasiones la final terminó con un resultado 4-2. En 1930, Uruguay a Argentina. En 1938, Italia a Hungría. En 1966, Inglaterra a Alemania. Y en 2018, Francia a Croacia.

El primer nombre que recibió el club Chivas de Guadalajara fue "Union Football Club", en 1906.

En 2019, la FIFA premió como "Mejor hincha del fútbol" a Silvia Grecco, fan del Palmeiras de Brasil. La mujer asiste a los partidos con su hijo Nickollas de 12 años, quien es ciego y tiene TGD y se los relata. Además le describe todos los detalles, no solo del juego sino también de los jugadores, como el color de sus botines o de su cabello.

Estudiantes de Buenos Aires y Lomas Athletic, ambos de Argentina, se enfrentaron en 1909 por la Copa Competencia. Ganó Estudiantes por 18-0, marcando un gol cada 5 minutos de juego. El delantero Maximiliano Susan anotó 12 tantos.

En 2015, Mauricio Macri fue electo presidente de la Argentina. Entre 1995 y 2007 había sido presidente de Boca Juniors.

Eden Hazard debutó con la selección belga con 17 años y 316 días. Fue tentado por la Federación Francesa para que jugara con ellos ya que cumplía todos los requisitos. Hazard ya llevaba 7 años viviendo en Francia pero decidió representar a su país natal.

**El primer trofeo que ganó el Manchester United
fue la Manchester Cup, en 1886.**

Al completar la fase de grupos en 2019, Uruguay
se convirtió en el primer seleccionado en llegar
a los 200 partidos por la Copa América.

Frank Lampard es el primer jugador de la historia
de la Premier League en anotar más de 10 goles
en 10 temporadas consecutivas.

En 1937 el equipo femenino Dick Kerr's ladies disputó
con Edimburgh Ladies el Campeonato de Gran Bretaña
y el Mundo. Fue el primer partido internacional
de fútbol femenino.

El Leicester ganó la Premier League 2015-2016 luego
de haber estado situado en la posición 14°
en la temporada anterior.

775

Messi tiene el récord de goles ejecutados en partidos oficiales durante un año natural, cuando en 2012 consiguió hacer 91 tantos, incluyendo los marcados con su club y con la Selección Argentina. En ese año, él solo hizo más goles que clubes como Liverpool y Milan.

776

En 1937, por el campeonato de primera división argentino, Argentinos Juniors recibió 111 goles y Quilmes, 110. En 1938, a Talleres de Remedios de Escalada le hicieron 103 tantos y a Tigre, 102. Y, en 1939, el arco de Ferrocarril Oeste fue atravesado en 111 oportunidades.

777

El brasileño Rogério Ceni es el arquero más goleador de la historia: marcó 131 tantos en toda su carrera.

778

El mexicano Ángel Zárraga, conocido como el "primer gran pintor del fútbol", fue el primero en retratar a mujeres futbolistas. En la primera mitad del siglo XX pintó a su primera esposa, Jeannette Ivanoff, en el óleo *"Las futbolistas"* y a Angelina Belfo, quien fuera esposa del artista Diego Rivera, en la obra *"Futbolista rubia"*.

779

En el Mundial de Chile 1962, 50 jugadores se lesionaron
en los primeros 4 días del campeonato.

780

Oribe Peralta, de la Selección de México, marcó en 2012 el
gol más rápido de los Juegos Olímpicos. Lo hizo en la final
contra Brasil, a los 28 segundos de iniciado el encuentro.

781

Argentino de Quilmes, club del sur del Gran Buenos Aires,
jugó un solo año en primera división, en 1939. Logró solo
4 puntos, producto de 4 empates. Es el primero y hasta
ahora único caso de un equipo profesional que no ganó ni
un solo partido en un campeonato de todos contra todos en
Argentina. Convirtió 35 goles y le marcaron 148.

782

El primer arquero en ver la tarjeta roja en un Mundial
fue el italiano Gianluca Pagliuca en 1994, contra Noruega.

783

El jugador alemán Rainer Bonhof ganó la Eurocopa
dos veces: en Bélgica '72 y en Italia '80. Pero no jugó
un solo minuto en ninguno de los dos torneos.

784

En 2010, Messi anotó, en el segundo tiempo
contra el Valencia, el *hat-trick* que le dio la victoria
al Barcelona por 3-0.

785

El club Atlanta de Buenos Aires, en 1983, se consagró
campeón de la B y ascendió a primera división. Recién
en el último partido jugado, logró conseguir publicidad
para su casaca.

786

En 2009, el arquero Jan Oblak debutó en primera
con 16 años en el Olimpija Ljubljana de su país, Eslovenia.
El técnico lo puso en reemplazo del arquero titular,
que venía atajando mal. Oblak resultó ser tan bueno que
se quedó con el puesto y, con esa edad, jugó 33 partidos.

787

En 2014, los hinchas del PSV de Holanda, mostraron su
enojo en las tribunas por la inauguración de wi-fi libre
y gratuito en su estadio. Dijeron que la tecnología
interfería en la pasión y que la gente usaba las redes
sociales en lugar de alentar al equipo.

788

Javier Mascherano participó en los Juegos
Olímpicos de 2004 y 2008 y así se convirtió en
el primer jugador argentino que ganó dos medallas
olímpicas de fútbol.

789

Bryan Robson, considerado el mejor jugador inglés
de la década de 1980, fue capitán del Manchester United
durante 12 años seguidos.

790

La Selección de Brasil de 1970 ganó todos los partidos
de las eliminatorias y todos los de la fase final
hasta lograr la Copa del Mundo.

791

Siendo técnico del Leipzig de Alemania, Ralf Rangnick,
en 2018, implementó una ruleta con 12 castigos
para jugadores indisciplinados. Las sanciones incluían:
llenar el campo de pelotas y juntarlas por 30 minutos,
trabajar como mozos en la cafetería por 30 minutos diarios
y cuidar el césped de 4 a 6 horas durante la semana
de entrenamientos.

792

El partido amistoso entre Fiorentina y Pistoiese
de Italia en 1954 se suspendió a poco de comenzar
el segundo tiempo. El motivo fue la presencia de un ovni
que permaneció unos minutos sobrevolando el estadio
Artemio Franchi. El árbitro informó de manera oficial
que *"el partido tuvo que ser suspendido porque los
espectadores vieron algo en el cielo"*.

793

En el Mundial 1986, para el encuentro frente a Inglaterra,
Argentina utilizó un par de juegos de camisetas -una para
cada tiempo- compradas de apuro en México. No tenían
escudos ni números, por lo que las empleadas del club
América, donde concentraban los argentinos, estuvieron
la noche anterior al partido cosiendo la numeración.

794

**La casaca de 2010 del Atlético Huila, Colombia,
mostraba más de 10 sponsors diferentes.**

795

Diversas empresas de videojuegos han sido sponsors
de equipos de fútbol: Pro Evolution Soccer 2009 de la Lazio,
Sega del Arsenal, Nintendo de la Fiorentina y Sony
de la Juventus.

796

Para el Mundial de Rusia 2018, la artesana Elena
Zhuravliova tejió muñecos de Mohamed Salah,
de Cristiano Ronaldo y de Messi, utilizando la técnica
del ganchillo.

797

El 15 de noviembre de 1912 se jugó un partido amistoso
entre River y Boca, por el Trofeo Sociedad de Asistentes
de Calderos y Anexos. Para algunos historiadores, este fue
el primer superclásico argentino. Empataban 1-1
pero faltando 10 minutos del segundo tiempo Boca
se retiró, disconforme con el arbitraje.

798

**El Cruz Azul fue el primer equipo mexicano en jugar
la final de la Copa Libertadores de América, en 2001.**

799

En 2011, el jugador belga Edez Hazard fue reemplazado
en el minuto 60 de un partido entre el seleccionado
de Bélgica y Turquía. Enojado, se fue del estadio
antes de que el encuentro terminara,
para comer una hamburguesa con sus padres.

800

La Primera Guerra Mundial hizo que el fútbol femenino
creciera en Inglaterra. Los hombres estaban en el campo
de batalla, la mujer empezó a trabajar y muchas fábricas
tenían sus propios equipos de fútbol, que en esos tiempos
eran exclusivos de los varones.

801

El artista plástico argentino Peti López, en 2014, presentó
"Glorias Mundiales con esencia de Potrero". Consistía
de 19 balones de fútbol intervenidos para plasmar
momentos y figuras relevantes de los mundiales de fútbol.
Las pelotas fueron recolectadas por el artista en potreros
y canchas barriales del Gran Buenos Aires.
Intercambiaba las gastadas por nuevas.

802

Dos jugadores, el egipcio Ahmed Hassan y el camerunés
Rigobert Song, participaron en 8 torneos de la Copa
Africana de Naciones, coincidiendo en las mismas
ediciones: 1996, 1998, 2000, 2002, 2004, 2006, 2008 y 2010.

803

Bolivia y Corea del Sur empataron 0-0 en 1994
y fue la primera vez que, en un Mundial, ambas
selecciones mantuvieron su valla invicta.

804

Antes de dirigir al Manchester United -durante 27 años-,
Sir Alex Ferguson fue técnico de Saint Mirren, un equipo
de mitad de tabla en la segunda división escocesa.
En 3 años, de la mano de Ferguson, logró el ascenso.

805

**Estudiantes de La Plata es el primer equipo en terminar
un torneo invicto en la etapa profesional.**

806

El colombiano James Rodríguez debutó en la primera
división de su país con 14 años, jugando para el Envigado.
A los 17, se convirtió en el extranjero más joven en
debutar, hacer un gol y salir campeón en la liga argentina.
En Brasil 2014, marcó 6 tantos y logró ser el primer
colombiano en consagrarse goleador de un Mundial.

807

Renato Cesarini, como DT de River en la década del '40,
fue responsable junto a Carlos Peucelle del equipo apodado
"La Máquina". Para ellos, el equipo debía ser un "10+1":
todos tenían que ayudarse entre sí, a excepción
del arquero. Un concepto similar al "Fútbol total" de
Holanda de 1974, que salió subcampeona del mundo,
pero 35 años antes.

El delantero inglés Harry Kane debutó con la selección
mayor de su país ante Lituania, en un partido de
clasificación para la Eurocopa 2016. Marcó de cabeza,
a los 79 segundos de ingresar al terreno de juego.

En 2019, la Supercopa de Europa, que enfrenta al campeón
de la Champions y al de la UEFA Europa League, se definió
por primera vez con equipos del mismo país: Inglaterra.
Liverpool le ganó a Chelsea en la definición por penales.

El premio "Balón de Oro" es otorgado desde 1982 al mejor
jugador de cada Mundial. En solo 3 oportunidades
fue concedido a un jugador del seleccionado campeón
de ese año: a Paolo Rossi en 1982, a Diego Maradona
en 1986 y a Romario en 1994.

El jugador inglés Malvin Kamara antes de cada partido
siempre miraba la misma película: "Willy Wonka
y la fábrica de chocolates". Decía que el filme
lo calmaba y le traía suerte.

812

En la Copa América de Bolivia 1997, la Argentina
utilizó el orden alfabético de los apellidos de los jugadores
para distribuir los dorsales. Así, la famosa camiseta
con el 10 que usó Maradona le tocó a "Nacho" González,
el arquero titular.

813

Italia es el primer país en la historia del fútbol europeo
cuyos clubes han ganado las 3 principales competiciones en
la misma temporada: en 1989-1990, el Milán ganó
la Champions, la Sampdoria obtuvo la Recopa
y la Juventus logró la Copa de la UEFA.

814

**En Uruguay hay un equipo que se llama
Club Tropezón Tablero.**

815

Álvaro Benito llegó al primer equipo del Real
Madrid en 1995. Por una lesión en la rodilla debió
abandonar su carrera. Cambió de rumbo y triunfó
como cantante y compositor del grupo musical
de pop punk español Pignoise.

Toda la parte exterior del *World Games Stadium*
de Kaohsiung, en Taiwán, está cubierta con placas solares.
Construido en 2009, es el primer estadio del mundo
que se alimenta de energía solar.

La más antigua definición por penales
de la que se tenga registro se produjo en la Copa
de Yugoslavia de 1952-1953. En ella resultó ganador
el Nogometni Klub Kvaerner de Rijeka por 4-3.

El Estadio Santiago Bernabéu se inauguró el 14 de
diciembre de 1947 con el partido entre Real Madrid-
Belenenses de Portugal. Ganó el Real 3-1. Sabino Barinaga,
del Madrid, marcó el primer gol.

En el Mundial Sub-17 de Japón 1993 se probó realizar
los saques de banda con el pie. No se podía marcar
un gol por tiro directo, pero sí se podían enviar centros
al área sin que hubiera posición adelantada. La idea
no prosperó: se perdía mucho tiempo en colocar
el balón y efectuar el saque.

Quiricocho (o Kiricocho) es una expresión futbolística
que se utiliza para desearle mala suerte al rival
y protegerse de la desgracia. Se originó en el equipo
de Estudiantes de La Plata, campeón de Argentina de
1982 bajo las órdenes de Carlos Bilardo. La leyenda cuenta
que Quiricocho era un muchacho que a ese equipo
le traía buena suerte. La fama trascendió los países
y el milenio. En 2021 fue usada por el capitán de Italia,
Giorgio Chiellini, en la tanda de penales que definía
la Eurocopa contra Inglaterra. Chiellini le gritó
"¡Kiricocho!" al inglés Buyako Saka y este falló el penal
definitorio, convirtiendo a Italia en campeón.

**Hasta el 2020, solo 20 extranjeros jugaron en la Selección
Argentina, en todos los niveles.**

El investigador Wouter Bos, de la Escuela Central de Lyon,
Francia, llegó a la conclusión de que los futbolistas
se mueven en el campo de juego del mismo modo
en el que se mueven las partículas en un flujo turbulento,
como el agua de un río.

823

El técnico holandés Louis Van Gaal, siendo entrenador
del Barcelona, hizo debutar en el primer equipo a Andrés
Iniesta, Carles Puyol, Víctor Valdés y Xavi Hernández,
luego todas grandes figuras del club catalán.

824

En 2018, una pareja de novios, fans del SM Caen de Francia,
disfrutaron del partido de su equipo ante el Olympique
de Lyon mientras tomaban un baño en un jacuzzi situado
en una de las esquinas del campo de juego.

825

En India, a Gaurav Mukhi lo premiaron en 2018 por ser,
a los 16 años, el jugador más joven en hacer un gol
en el campeonato de su país. Días después le quitaron
el reconocimiento y lo suspendieron: había falsificado
sus documentos y tenía 28 años.

826

En el Mundial Femenino de China 2007, por primera
vez hubo una final entre un equipo europeo y uno
sudamericano. Alemania le ganó 2-0 a Brasil.

827

En 2009, el Hannover de Alemania perdió 5-3 contra
el Borussia Mönchengladbach debido a que hizo 3 goles
en contra: dos del defensor tunecino Karim Haggui
y otro del marfileño Constant Djapka.

828

En la Copa América 2021, Argentina se convirtió
en la selección que más goles hizo en la historia del
torneo: 475 en 206 partidos.

829

En el Mundial de México 1970 fue reemplazado
por primera vez un arquero. Contra Brasil, el rumano
Raducanu relevó a Adamache.

830

El mediocampista Eduardo Camavinga, al debutar
con 16 años, 4 meses y 27 días en el Rennes -de la primera
división francesa-, se convirtió en el primer futbolista
nacido en 2002 que jugó en una liga europea.

831

El fútbol femenino apareció por primera vez
en Juegos Olímpicos en Atlanta 1996. El combinado
de Estados Unidos ganó la medalla de oro.

832

Alemania-Argentina es la final de un Campeonato Mundial más repetida. Se enfrentaron 3 veces: en 1986, en 1990 y en 2014.

833

Uno de los primeros partidos que disputó Bielorrusia después de separarse de la Unión Soviética fue en 1993, por la Copa Ciudad de Córdoba, en Argentina. El equipo de Belgrano y la Selección de Bielorrusia igualaron 1-1. Belgrano ganó la copa por penales.

834

Según el informe técnico elaborado por el Grupo de Estudios Técnicos de la FIFA, el de 2018 en Rusia fue el mejor Mundial de la historia.

835

En 2018, los Red Bulls de New York compraron el pase de Mike LaBelle, un jugador de 28 años que no pisó jamás el césped: su millonario contrato era únicamente para jugar al videojuego "FIFA18". LaBelle incursionó en ese juego electrónico en 2004, y representó a Estados Unidos en la FIFA eWorld Cup.

836

El Calcio Storico era, hace unos 400 años, una mezcla de fútbol, lucha libre y boxeo en el cual 27 guerreros se enfrentaban en la Piazza Santa Croce de Florencia, Italia.

837

En el *21.ᵉʳ* Mundial de Fútbol de Robots, realizado en China, en 2016, el equipo argentino de fútbol *"Spiritual Machine"*, conformado por Hernán Freedman y Gonzalo Mon, salió subcampeón en la categoría *"Simurosot"*.

838

Didier Deschamps es la tercera persona en la historia del fútbol en consagrarse campeón del mundo como jugador (Francia 1998) y como técnico (Rusia 2018). Los dos primeros fueron el brasileño Mario Zagallo y el alemán Franz Beckenbauer.

839

Javier Zanetti es el primer argentino en disputar más de 1000 partidos profesionales.

840

Cuando era jugador, el holandés Johan Cruyff tenía como cábala escupir goma de mascar en el campo rival antes de cada encuentro.

841

En la historia de la Copa América, hasta el 2020,
el resultado 7-0 se dio en 10 ocasiones. El más reciente:
la goleada de Chile a México, en 2016.

842

El padre del director técnico Pep Guardiola, Valentí,
antes de cada partido enciende una vela frente
a la imagen de San Pancracio, para que a su hijo
le vaya bien en los encuentros importantes.

843

**El Al-Wehdat Sport Club, de Jordania, fue fundado
en 1956 en un campo de refugiados palestinos.**

844

El argentino Luis Carniglia fue el primer entrenador
extranjero en ganar la Copa de Campeones de Europa,
actual Champions League. Lo hizo con el Real Madrid,
en 1958 y 1959.

845

En el mundial 2018, Cristiano Ronaldo se unió
a los alemanes Uwe Seeler y Miroslav Klose
y al brasileño Pelé en el récord de anotar al menos un gol
en cuatro Copas del Mundo.

846

En Inglaterra, en 2016, se creó la Liga *"Man vs Fat Football"*.
Los hombres semanalmente juegan partidos de fútbol
o ayudan a su equipo desde la tribuna perdiendo peso.
Los kilos rebajados y los goles marcados les dan a sus
equipos puntos para la tabla de posiciones.

847

En 1977, la Selección Argentina, como preparación para
el Mundial ´78, participó en la Copa de Oro de Mar del
Plata, un tradicional torneo de verano de Argentina pero de
clubes. Ganó el trofeo empatando dos partidos (uno contra
River Plate) y ganando otros dos (uno contra Boca).

848

En 1895 se fundó el primer equipo deportivo de Brasil,
el São Paulo Athletic Club. Fue el primer campeón
en la historia del estado de Sao Paulo, y ganó las 3 primeras
ediciones del Campeonato Paulista entre 1902 y 1904.
Desapareció en 1912.

849

La brasileña Formiga jugó el Mundial 2019 con
41 años y 96 días de edad. Es la primera futbolista
en participar en 8 Copas del Mundo.

850

En 2014, el futbolista camerunés Yaya Banana
fichó para el club Platanias de Grecia.

851

El Museo de la FIFA se encuentra en Zurich, Suiza.
Tiene 3000 m^2 y se divide en 3 niveles a modo de viaje
en el tiempo. Se pueden admirar más de 1000 objetos
históricos, y gozar de juegos interactivos con 60 pantallas
gigantes que proyectan unos 500 vídeos.

852

El brasileño Wendell Lira ganó el Premio Púskas
al mejor gol de 2015, venciendo en la votación a Messi. El
gol sucedió en el encuentro entre el Goianésia y el Atlético
Goianiense al que asistieron solo 342 personas.
Un año después el brasileño se retiró, para competir
en torneos de videojuegos.

853

El 23 de noviembre de 1924 comenzó un partido
entre Barcelona y Espanyol. Enojados por las decisiones
del árbitro, la gente le arrojó una lluvia de monedas.
El partido terminó de disputarse a puertas cerradas
el 15 de enero de 1925.

Cruzazulear es un verbo inventado en México a partir
de malas rachas que tuvo el Cruz Azul, equipo que,
en la década de 2010-2019, más partidos perdió sobre la hora.
Entre sus posibles acepciones significa: *"Perder con torpeza
sorprendentemente"* o *"estar cerca, muy cerca,
de un título sin conseguirlo"*.

La final de la Copa del Rey de España, en la temporada
1980, la jugaron el Real Madrid A y Real Madrid B,
este último conocido como Castilla, filial del Real
en Segunda División. Ganó el Madrid A por 6-1.

En 1971, el Barcelona invitó a Chacarita Juniors de
Argentina a jugar la Copa Joan Gamper, junto al Bayern
Múnich de Alemania y al Honvéd de Hungría. En una de
las semifinales, Chacarita -que había salido campeón de
Primera División en 1969- le ganó a los alemanes por 2-0.

El primer sueldo que cobró el brasileño Marcelo fue
de 100 reales, como jugador juvenil del Fluminense.
Le dio el dinero a su abuelo en reconocimiento al sacrificio
que había hecho para que él fuera futbolista profesional.

 **858**

El escritor y periodista mexicano Juan Villoro
ha dedicado varios de sus libros al fútbol, entre ellos
que se encuentran *"Los once de la tribu"* de 1995, *"Dios
es Redondo"* de 2006 y *"Balón dividido"* de 2014.

 **859**

Fundado en 1900, en sus inicios el Bayern de Múnich no
tenía un estadio propio y sus colores representativos eran
el azul y el blanco, tomados de la bandera del estado de
Baviera. En 1906, adoptó su actual gama de rojo y blanco.

860

En 2018 se realizó la primera Copa América
de Talla Baja, con 9 selecciones integradas por personas
con trastorno del crecimiento de Argentina, Colombia,
Chile, Brasil, Perú, Marruecos, Paraguay, Bolivia y un
combinado mixto de Canadá y Estados Unidos. Las reglas
fueron las de fútbol sala, con 7 jugadores por equipo
y arcos de 1.70 m. de altura por 2 de ancho. Paraguay
se coronó campeón al ganarle 3-0 a la Argentina.

 **861**

**Cristiano Ronaldo ha llegado a cambiar su peinado
en el entretiempo de un partido.**

En 2014, Tottenham de Inglaterra goleó 5-1 al Asteras Tripolis de Gracias, por la Europa League. Luego de hacer 3 goles y ante la expulsión del arquero Hugo Lloris, el delantero Harry Kane fue al arco. Con él atajando los griegos pudieron hacer su único gol.

Frenkie de Jong es el vigésimo jugador holandés de la historia del Barcelona. De Jong es un apellido muy común de Holanda y significa "joven".

En 1982 tuvo lugar el primer Campeonato Europeo para Equipos Representativos de Mujeres de la UEFA. La primera final, en 1984, fue para Suecia. En 1987 se creó el Campeonato Femenino de la UEFA -conocido como Euro Femenino- y lo ganó Noruega. La selección germana se adjudicó el certamen en 7 de las 8 ediciones posteriores.

Un año después de que Argentina conquistara su primera Copa del Mundo, en 1978, se reeditó la final ante Holanda con partidos amistosos entre el Ajax de Ámsterdam y Talleres de Córdoba. Ganó Ajax 3-2.

El domingo 2 de marzo de 1997, Vélez Sarsfield y Racing Club de Argentina jugaron dos partidos en el mismo día: primero se enfrentaron entre sí por el torneo local y luego cumplieron sus compromisos por la Copa Libertadores.

La *India Super League* es un torneo profesional de ese país creado por franquicias, en el que compiten 8 equipos entre si. Aunque en principio no era reconocida por FIFA, muchos futbolistas famosos jugaron allí antes de su retiro, como el brasileño Elano, el italiano Alessandro del Piero y el francés David Trézéguet.

En el mundo, solo la National Football League (NFL), la liga de fútbol americano, lleva más gente a los estadios que el fútbol alemán.

Cuando una selección gana un Mundial, FIFA le concede una estrella a su casaca. El primer seleccionado en lucirlas fue Brasil en 1971, luego de ganar 3 campeonatos. España, en 2010, bordó su estrella al día siguiente de haber conseguido el torneo.

En 1998, la banda de rock Iron Maiden creó el *"Iron Maiden Futbol Club"*. Fue idea del bajista y fundador del grupo, Steve Harris, que estuvo a punto de ser futbolista. Durante la gira promocional del álbum *"Virtual XI"* disputó varios partidos en divisiones inferiores de Inglaterra, en el que jugaron profesionales como Faustino Asprilla, Paul Gascoigne, Dave Murray y Marc Overmars.

El jugador español Isco le puso de nombre Messi a su perro labrador.

Al Morelia de México se lo conoce como "Canarios" porque, en los albores del club, los jugadores tenían vedado hablarse en el campo, por lo que silbaban para pedirle la pelota a sus compañeros.

Cuando el Real Madrid se mudó a su nuevo estadio, en 1912, estuvo 5 años sin ganar un partido. Para romper la "maldición" enterraron un diente de ajo en el círculo central del campo. En esa misma temporada, ganó la Copa del Rey.

En 2014, el club Union Berlín de Alemania invitó
a los hinchas a llevar sus propios sillones al estadio
para mirar la final de la Copa del Mundo. Así, 750 sofás
fueron dispuestos en filas en la cancha frente a una
pantalla gigante.

En el partido de 2016 entre Puebla y Santos Laguna
de México, el arquero de Santos, el argentino Agustín
Marchesín, se dislocó un dedo y no pudo seguir atajando.
Sin posibilidad de reemplazos, intercambió casacas con
el defensor Kristian Álvarez, que fue al arco. Y Marchesín
jugó de delantero.

En 1931, estando de gira por Europa, el club argentino
Gimnasia y Esgrima de La Plata venció al Barcelona
de España por 2-1.

En el escudo del club Limón FC, de Costa Rica, tiene
en su centro un tornado o torbellino verde que patea
una pelota. El apodo del equipo fundado en 2009
es, precisamente, "La Tromba del Caribe".

878

Jugando para el Shakhtar Donetsk, el brasileño
Elano fue el primer jugador que, estando en un club
de Ucrania, fue convocado para la selección brasileña.

879

El arquero croata Danijel Subasic atajó 3 disparos en
la tanda de penales y su selección le ganó a Dinamarca
en los octavos de final del Mundial 2018. Se convirtió en el
segundo guardameta en concretar esa hazaña
en una definición de Copa del Mundo. El primero
fue el portugués Ricardo Pereira, ante Inglaterra, por
los cuartos de final de Alemania 2006.

880

Timo Werner, jugando en 2016 para el Leipzig
con 20 años y 203 días, se convirtió en el futbolista
más joven en disputar 100 encuentros en la Bundesliga.

881

Cuando el empresario malayo Vincent Tan compró
el Cardiff de Gales, le comunicó a la comisión directiva
del club que, al fichar jugadores, tendrían prioridad
los que tuvieran un 8 en su fecha de nacimiento.
El 8 es el número de la suerte en su país.

"Las Guerreras" es el nombre con el que se conoce al equipo argentino de fútbol femenino de UAI Urquiza, club de la provincia de Buenos Aires. En 2015 obtuvo el tercer puesto de la Copa Libertadores Femenina y ganó campeonatos de Primera División de Argentina en 2012, 2014, 2016, 2017-18 y 2018-19.

El atacante ghanés Isaac Ayipei en la década de 1990 se convirtió en el primer futbolista africano en jugar en la liga de México.

En 1970, con motivo del Mundial de México, la editorial italiana Panini comercializó por primera vez la publicación internacional de cromos o figuritas de jugadores. En 2020, en internet, se podían conseguir los álbumes Panini completos desde el Mundial ⁻70 al de 2018 por valores entre 6500 y 7000 dólares.

El delantero argentino Alberto "Beto" Acosta fichó con el Fénix, club del ascenso argentino, para poder jugar junto a su hijo Mickael, de 18 años. Participó en un solo encuentro y su equipo perdió 1-0 contra Berazategui, en 2009.

886

El mismo día en que Brasil y Alemania definían
la final del Mundial de Corea-Japón 2002, se jugó otra
final, disputada entre los dos peores equipos del ranking
FIFA: Bután y Montserrat. Ganó Bután 4-0, logrando así
su primer triunfo en un partido oficial. El partido fue
documentado en el film *"La otra final"*, dirigido por
el holandés Johan Kramer y estrenado en 2003.

887

**El guardameta belga Kristof Van Hout comenzó su carrera
en 2006 en el Willem de Holanda. Su altura: 2,08 metros.**

888

En 1901 se fundaron los primeros equipos de fútbol de la
Ciudad de México: Reforma Athletic Club, British Club
y México Cricket Club. Todos sus jugadores eran ingleses.

889

En 2011, Colin Weir ganó 208 millones de dólares
en la lotería. En 2019 compró el 55% de las acciones
del Partick Thistle, de la Primera División de Escocia,
y las repartió entre los socios del club para que también
ellos fueran, en parte, dueños de la institución.

890

En 1992, el Hull City de Inglaterra, conocido
como "Los Tigres", estrenó una casaca con un estampado
similar a la piel de un tigre.

891

En 2017 se produjo el primer traspaso pago del fútbol
femenino en España. Mapi León, jugadora del Atlético
de Madrid, fichó para el Barcelona por 50 000 euros.

892

La primera goleada de River, con Marcelo Gallardo como
técnico, fue ante Jorge Wilstermann de Bolivia.
En el desquite de los cuartos de final de la CONMEBOL
Libertadores 2017, River ganó 8-0, tras caer 3-0
en la ida. En 2020, volvió a repetir el 8-0,
de local, ante Binacional de Perú.

893

A mediados del siglo XIX, el árbitro de fútbol
no era necesario. Se confiaba en la caballerosidad
e integridad de los jugadores para ponerse de acuerdo.

Bert Trautmann fue un portero alemán que jugó
en el Manchester City luego de la Segunda Guerra
Mundial. En la final de la FA Cup de 1956 contra el
Birmingham City, luego de un choque con un adversario,
jugó los últimos 17 minutos del encuentro con el cuello
roto. Realizó dos grandes atajadas y así el Manchester City
ganó 3-1. Luego de ese partido, estuvo un año sin jugar.

En Los Juegos Olímpicos de Río 2016, el equipo femenino
de Alemania ganó el oro olímpico, galardón jamás
conseguido por su similar masculino.

En 2006, el volante inglés Curtis Woodhouse,
jugando para el Grimsby Town, decidió ser boxeador.
Se retiró del fútbol y en 2014 se consagró campeón
británico de peso wélter.

Frank Lampard, además de haber sido
un gran jugador de la Selección de Inglaterra,
tiene un coeficiente intelectual superior a 150,
casi el mismo que el físico Albert Einstein.

898

El *Foothand* es una modalidad de fútbol inclusivo que se practica en sillas de ruedas, en el que los jugadores empuñan un accesorio -similar a un pie humano- con el que manejan la pelota al ras del suelo. Las personas con y sin discapacidad pueden participar y realizar toda clase de remates y pases similares a los del fútbol convencional.

899

En 1952, el club argentino Sportivo Morón fue obligado por la AFA a modificar su primer nombre, arguyendo que "Sportivo" era un término "extranjerizante". A partir de ese año pasó a llamarse Deportivo Morón.

900

En 2016, la senegalesa Fatma Samoura, con 57 años, fue elegida secretaria general de FIFA, convirtiéndose en la primera mujer en asumir esa responsabilidad en la historia. Samoura había trabajado para las Naciones Unidas durante 21 años en distintos programas humanitarios y de desarrollo en todo el mundo.

901

En 2013, Bayern Múnich le ganó por 2-1 al Borussia Dortmund en la primera final de Champions League disputada exclusivamente por equipos alemanes.

10

En los comienzos de su carrera, Diego Maradona
fue goleador en 5 campeonatos argentinos, 4 de ellos
en forma consecutiva y siempre con Argentinos Juniors.

El equipo de las Indias Orientales Holandesas (actual
Indonesia) se convirtió, en 1938, en el primer país asiático
que participó de la Copa del Mundo.

En Sudáfrica 2010, el delantero mexicano Luis Hernández
convirtió su primer gol en un Mundial, que fue también
el gol número 2100 en la historia del certamen.

**Para las primeras reglas del fútbol sala se utilizaron
las de waterpolo, de balonmano y de baloncesto.**

906

En agosto del 2001, América de México
fue el primer equipo no europeo ni sudamericano
en ser elegido "Club Mundial del Mes".

907

En el torneo argentino de Primera División 1986-1987, por primera vez se ungió campeón un equipo recién ascendido: Rosario Central.

908

Anguila es una isla ubicada en las Antillas menores. Hasta 2019, el máximo logro de su selección nacional había sido ganarle 3 veces al de las Islas Vírgenes, sobre un total de 7 partidos.

909

El apellido del jugador brasileño Filipe Luis, campeón de la Copa Libertadores 2019 con Flamengo, es Kasmirski. Su abuelo paterno fue un refugiado polaco durante la Segunda Guerra Mundial.

910

En el año del Mundial 1978, en Argentina 3455 bebés recibieron el nombre del goleador de su selección: Mario Alberto, por el "Matador" Kempes.

911

El primer gol en contra en una final mundialista lo hizo el croata Mario Mandžukić ante Francia, en 2018. Además se convirtió en el segundo jugador en toda la historia del torneo que marcó un gol en contra y otro a favor en el mismo partido. El primero fue el holandés Ernie Brandts, en Argentina 1978, en el encuentro que enfrentó a su selección contra Italia.

912

Olimpia de Paraguay es el único club de América que disputó una final de Copa Libertadores en todas las décadas, desde el principio del torneo hasta 2020. Lo hizo en 1960, 1979, 1989, 1990, 1991, 2002 y 2013.

913

La Copa de Francia arranca con más de 8000 clubes de todas las categorías. En su primera ronda compiten equipos locales y de los territorios de ultramar que Francia posee en cuatro continentes.

914

Las dos primera veces que Rayados de Monterrey llegó a semifinales del Mundial de Clubes jugó contra equipos ingleses. En 2012 cayó ante el Chelsea. En 2019, perdió contra el Liverpool.

915

En 1912, la Universidad de Chile fue inscrita en la Asociación de Football de Santiago, como "Club Atlético Internado".

916

Roger Fallas pasó del AS Pumas al UCR de Costa Rica a cambio de 50 balones de fútbol. El delantero noruego Kenneth Kristensen pasó del Flekerooy al Vindbjart a cambio de 75 kilos de camarones.

917

En Sierra Leona, África, hay una aldea que, para asistir a los funerales, se viste con las camisetas del Real Valladolid.

918

El escudo del Ajax de Holanda alude al dios griego, Ajax el Grande, héroe de la mitología griega cuyo nombre fue elegido por el mismísimo Heracles, más conocido como Hércules.

919

En 2020, Daniel Batz, portero del Saarbrücken, detuvo 5 tiros penales al Fortuna Düsseldorf en los cuartos de final de la Copa de Alemania. Además, pateó uno y marcó.

En la temporada 1942-1943, Felipe Castañeda era considerado el mejor arquero de México. Le decían "La Marrana" porque cada vez que tomaba el balón, lo escupía. Enterraba cruces y figuras en el arco que le tocaba proteger. Además, cuando su rival atacaba, rezaba vociferando frases como *"¡Ciégalos, Santa Lucía, ciégalos Santa Lucía!"*.

El club inglés Nottingham Forest visitó la Argentina en 1908 para un amistoso con Alumni, que ganó por 6-0. Arístides Langone, presidente de Independiente, presenció el partido y quedó maravillado con la forma de jugar del equipo inglés y con sus casacas rojas. Decidió entonces que el rojo sería el color distintivo de su club.

Tigres fue, en 2015, el último equipo mexicano en disputar una final de la Copa Libertadores.

"Cola de vaca" es un término proveniente del idioma portugués. Refiere a la acción en la que un delantero, con el balón dominado, frena a mitad del camino y cambia de dirección para desconcertar al defensa.

924

En 2019, Bernardo da Silva, volante del Trindade de Brasil, fue pisado por el vehículo médico mientras esperaba, acostado en el campo de juego, la atención de los doctores.

925

Futbolistas que en un mismo año ganaron la Champions League y el Mundial: 1974; Jupp Kapellmann, Uli Hoeness, Gerd Müller, Franz Beckenbauer, Hans Schwarzenbeck, Paul Breitner y Sepp Maier con el Bayern Múnich y la Selección de Alemania. 1988; Christian Karembeu con el Real Madrid y la Selección de Francia. 2002; Roberto Carlos, con el Real Madrid y la Selección de Brasil. 2014; Sami Khedira con el Real Madrid y la Selección de Alemania. 2018; Raphaël Varane con el Real Madrid y la Selección de Francia.

926

Elías Figueroa, zaguero de la selección chilena, jugó el Mundial de 1982 siendo abuelo, a los 35 años.

927

En 2016, el FK Panevezys, de la segunda división
de Lituania, pagó una gran suma de dinero para fichar
al angoleño Barkley Miguel-Panzo. Sus estadísticas
informaban 24 goles en 36 partidos para el Queens Park
Rangers y 3 con la Selección de Angola. Tras firmar el
contrato, el club se enteró de que alguien había falseado
su biografía en Wikipedia. Panzo solo había jugado
en las ligas inferiores de Francia y Suecia.

928

Carlos Tévez ganó la Copa Libertadores, la Champions
League, la Copa Intercontinental y la Copa Mundial
de Clubes de la FIFA.

929

**Arturo Frondizi, presidente de Argentina entre 1958 y 1962,
en su juventud fue defensor del club Almagro.**

930

En 2017, el futbolista rumano Cosmin Lambru
debutó como profesional con una prótesis en su brazo
izquierdo. Cuando tenía 8 años perdió la extremidad
en un accidente de tránsito.

931

En 2019, el marfileño Yaya Touré fue expulsado
a los 10 segundos del encuentro entre el Qingdao Huanghai
y el Nantong Zhiyun de China.

932

México y Brasil ganaron el campeonato Mundial Sub-17,
siendo anfitriones del mismo, en 2011
y 2019 respectivamente.

933

Zabivaka, un lobo con apariencia humana,
fue la mascota del Mundial de Rusia 2018. El término
significa, en ruso, "el que anota".

934

El escritor español Rafael Alberti le dedicó un poema
al arquero Franz Platko, conocido como "el gran oso rubio
de Hungría". En 1928, siendo portero del Barcelona, recibió
una fuerte patada en la cabeza durante la final de la Copa
del Rey contra Real Sociedad. Pero el húngaro regresó al
partido con un gran vendaje y profesionalismo, que Alberti
inmortalizó en su *Oda a Platko*.

En Rusia, entre fines del siglo XVIII y comienzos
del XIX, se practicaba un juego de balón utilizando
los pies, según figura en un grabado a color realizado
por el pintor Christian Gottfried Geissler.

Boca Juniors de Cali es un desaparecido equipo de fútbol
colombiano fundado en 1937. Utilizaba el mismo diseño
que Boca de Argentina para su escudo e indumentaria.
En 9 años de actividad, jugó 239 partidos y fue 2 veces
campeón de la Copa Colombia.

En 2015, River de Argentina se consagró como el primer
club sudamericano campeón de la Copa Libertadores,
la Copa Sudamericana y la Recopa.

El camerunés Samuel Eto'o fue distinguido con el premio
Futbolista Africano del Año en 2003, 2004, 2005 y 2010,
siendo, junto al marfileño Yaya Touré, los únicos jugadores
en obtenerlo en 4 ocasiones.

939

Se calcula que, para 2040, los árbitros utilizarán lentes de contacto activas que les permitirán ver las jugadas desde cualquier ángulo -incluso en 3D- y alejar o acercar la imagen a voluntad.

940

Lionel Messi, con 13 años, se probó en River durante 4 días e hizo dupla con Gonzalo Higuaín, con quien después jugó la final del Mundial 2014 para Argentina.

941

La Copa América 1983 no tuvo sede fija. Todos los partidos de cada zona fueron de ida y vuelta en cada país, al igual que las semifinales y la final. Uruguay le ganó a Brasil 2-0 en su país y luego empató 1-1 de visitante. Fue la segunda vuelta olímpica de Uruguay frente a Brasil, en Brasil.

942

Hasta el año 2020, Sergio Ramos era el jugador con más tarjetas amarillas y expulsiones en la historia de La Liga Española.

943

La mayor utilización del VAR ha aumentado la sanción de penales.

944

En 2019, el uruguayo Santiago López, goleador del ascenso de su país, renovó contrato con el club Villa Española con una cláusula especial que decía: *"Si durante la extensión de este contrato, el grupo musical Patricio Rey y sus Redonditos de Ricota o el solista Carlos Alberto Solari, más conocido como el Indio Solari, ejecutan conciertos, el futbolista quedará autorizado a ausentarse"*.

945

El sorteo del Mundial de Estados Unidos 1994 se realizó en Las Vegas. Pero, durante el torneo, en esa ciudad no se jugó ningún partido.

946

En la final de la UEFA Europa League del 2012, entre el Atlético de Madrid y el Athletic Bilbao, unos 400 fans del conjunto bilbaíno se confundieron y viajaron a Budapest (Hungría) y no a Bucarest (Rumania), donde se disputaba el encuentro. Vieron por televisión y a la distancia cómo su equipo caía por 3-0.

947

Julio Olarticoechea y Carlos Tapia se consagraron campeones del mundo en México 1986 siendo jugadores de Boca, habiendo sido antes jugadores de River.

948

Ranking de los penales más tempraneros en la historia
de la Copa del Mundo: a los 55 segundos, para Holanda
contra Alemania (1974); a los 85 segundos, para Paraguay
contra Brasil (2014).

949

De pequeño, el delantero chileno Alexis Sánchez
cuidaba y lavaba autos en el cementerio, para ayudar
a la economía de su casa.

950

**El italiano Moise Kean fue el primer jugador nacido
en el siglo XXI en participar de la Champions League.**

951

Messi es el primer futbolista que alcanzó los 100 goles
en competiciones europeas con el mismo club. También
es el mayor goleador de la historia en una misma liga.

952

El equipo de Lincoln Red Imps de Gibraltar se mantuvo
invicto por 88 partidos, desde 2009 a 2014. Además,
entre 2003 y 2019, de 17 campeonatos de su liga ganó 16.
No lo logró en 2017.

953

"Futbol Hero" es una propuesta de fútbol del futuro
ideada por el argentino Marcelo Acebedo y su equipo.
El estadio es una jaula de hierro con paredes de cristal
líquido y los arcos son paneles lumínicos. El balón tiene
un chip que transmite datos y está recubierto con cuero
conductivo magnético. Los jugadores deciden, mediante
una app, desde la duración del partido hasta la música
que sonará en cada gol. Al finalizar reciben
las estadísticas para compartirlas en redes.
El primer club en instalarlo fue Vélez, de Argentina.

954

En 113 de sus primeros 200 partidos jugando para el Atlético
de Madrid, el arquero Jan Oblak no recibió ningún gol.

955

Durante la semifinal del Mundial de Brasil 2014,
una librería brasileña se comprometió a rebajar el
10% del precio de sus libros por cada gol que le hiciera
Alemania a Brasil. Gracias a los 7 tantos que anotaron
los germanos el descuento terminó siendo del 70%.

956

En 2020, Andres D´Alessandro se convirtió en el argentino con más partidos jugados en la Copa Libertadores.

957

En 2020, el delantero inglés de origen noruego, Erling Haaland, en el Mundial Sub-20 de 2019, anotó 9 goles en la victoria por 12-0 ante Honduras. Es además el primer jugador en anotar para dos equipos diferentes en una misma Champions: con el Salzburgo de Suiza y con el Borussia Dortmund de Alemania.

958

Para el diario español "Marca", un equipo con los 11 zurdos más importantes y recordados debería estar formado por: Chilavert de arquero; Yepes, Maldini y Roberto Carlos, como defensores. Redondo, James, Maradona y Juanfer Quintero, de volantes. Raúl, Messi y Hugo Sánchez, como delanteros.

959

El mayor intervalo entre dos participaciones en un Mundial le corresponde al arquero de Colombia, Faryd Mondragón. Entre el torneo de 1998 al de 2014 pasaron 15 años y 363 días.

960

Durante el Mundial de Brasil 2014, en el estadio
Arena Fonte Nova, de San Salvador de Bahía, se jugaron
6 partidos y se marcaron 24 goles. Ahora se lo conoce
como "Fuente de Goles".

961

El Caribous of Colorado de Estados Unidos se fundó
y se disolvió en 1978. Sus camisetas, de color negro y
marrón, tenían flecos adornando su parte delantera.

962

La Selección de Fútbol de Ynys Môn representa
a la isla de Anglesey, el mayor territorio insular del país
de Gales. No reconocida por la FIFA, compite solo en
los Juegos de las Islas, una especie de Juegos Olímpicos
con varias disciplinas de las que participan
exclusivamente deportistas isleños.

963

Una investigación de la Universidad de Durham determinó
que, por lo menos en el fútbol inglés, los equipos vestidos
de rojo detentaban más triunfos que derrotas.

964

El *British Home Championship* (o *Home International Championship*) es considerado el campeonato de fútbol más antiguo del mundo a nivel de selecciones nacionales. Creado en 1883, era un torneo amistoso entre los 4 equipos de las naciones constitutivas del Reino Unido: Inglaterra, Gales, Escocia e Irlanda.

965

En el partido Brasil vs. Argentina (3-0), por las eliminatorias a Rusia 2018, el defensor Marcelo se arrodilló detrás de su propia barrera por si Messi, en lugar de patear la pelota sobre ella, decidía hacerlo de rastrón.

966

Francia es el primer equipo del siglo XXI en marcar 2 tantos fuera del área en una final de la Copa del Mundo.

967

El primer torneo del que participaron los clubes israelíes fue la Liga Palestina, creada en 1932. Tras la independencia del Estado de Israel, en 1949, se creó un certamen nacional donde su máximo campeón es el Maccabi Tel Aviv.

968

Los portugueses Joao Pinto y Fernando Brassard
y el argentino Sergio Agüero son los 3 primeros jugadores
en lograr un bicampeonato en el Mundial Sub-20.

969

El delantero rumano Ianis Hagi, en 2019, jugando
para el Genk de Bélgica, marcó 2 goles de penal. Uno
lo pateó con la pierna izquierda y el otro con la derecha.

970

El bosnio Aleksandar Duric fue, a los 15 años,
campeón junior de kayak en la desaparecida Yugoslavia.
Representó a Bosnia y Herzegovina en piragüismo,
en los Juegos Olímpicos de 1992, y en 1999 firmó como
futbolista para el Tanjong Pagar United de Singapur.
Tras 16 temporadas en ese país, se convirtió en
el goleador histórico de esa Liga.

971

En 2020, Messi se convirtió en el primer jugador en
la historia de la liga española que alcanzó las 500 victorias
en competiciones oficiales. Lo hizo en 710 partidos.

972

En la trilogía de películas estadounidenses *"Goal!"*,
aparecen famosas figuras del fútbol, como Ronaldinho,
Iker Casillas, Raúl, David Beckham, Rafa Márquez y Messi.

973

Desde 2005 hasta 2008, los equipos mexicanos participaron
en la Copa Sudamericana, a pesar de no pertenecer
a la Conmebol. En 2005, Los Pumas llegaron a la final
y América lo hizo en 2007, pero ninguno de los dos pudo
ganarla. En 2006 Pachuca sí se llevó el trofeo
al vencer a Colo-Colo, convirtiéndose así en el primer
equipo mexicano en ganar un torneo organizado
con la Confederación Sudamericana.

974

Los Dogos es una institución argentina que, desde 1997,
lucha por la diversidad, la igualdad y los derechos
humanos, a través de la práctica del deporte y de acciones
sociales. Ha promovido equipos de fútbol llamados
"Los Dogos" que incluye fútbol competitivo de 11,
fútbol recreativo de 11, futsal competitivo y papi-fútbol
recreativo. En el Mundial Gay de Buenos Aires 2007,
salieron campeones.

975

La selección española "B" representó a la Real Federación Española de Fútbol de manera discontinua entre 1927 y 1981. Servía para probar a las jóvenes promesas que no tenían lugar en la selección mayor.

976

West Bromwich Albion, creado en 1878, es uno de los clubes fundadores de la Football League de Inglaterra. Consiguió su único título de liga en 1920.

977

En 2017, cada jugador de Colo-Colo de Chile salió a la cancha con un perro y con una bandera que decía: "Adopta".

978

En las primeras 10 finales de Campeonatos Mundiales jugadas por equipos europeos y sudamericanos, estos últimos ganaron 7.

979

Alemania fue la primera selección masculina en disputar 8 finales de Copa del Mundo.

980

El argentino Francisco Pedro Manuel Sá, más conocido como "Pancho", es el futbolista que más veces conquistó la Copa Libertadores de América. La ganó en 6 ocasiones: 4 con Independiente y 2 con Boca Juniors; todas en la década de 1970.

981

"Las Fieras fútbol club" es una colección de 14 libros que narran las aventuras de un equipo de fútbol de chicos de 9 años. Las historias están basadas en las experiencias del escritor y director de cine germano Joachim Masannek cuando entrenaba a sus hijos.

982

El resultado más repetido en la historia de la Champions League es 1-1.

983

En Gambia, África, la palabra *Nawetane* del idioma wólof, significa *"entregarse a una actividad durante la estación de lluvias"*. Con la aparición del fútbol en ese país, a mediados del siglo XX, el sentido de ese término cambió. Ahora quiere decir: *"jugar al fútbol durante la estación de lluvias"*.

San Lorenzo es el primer equipo argentino en tener de hincha a un Papa.

Muriel, hermano mayor del portero brasileño Allison Becker, también es guardameta profesional. Jugó en Belenenses de Portugal y en 2019 pasó al Fluminense. El padre de los jugadores fue arquero en un equipo de su ciudad natal, Novo Hamburgo, Brasil.

En la final de la primera Eurocopa, en 1960, la Unión Soviética le ganó a Yugoslavia por 2-1. Ambos países dejaron de existir a fines del siglo XX.

En el primer tiempo de la final del Mundial 2018 contra Croacia, Francia pateó una sola vez al arco e hizo 2 goles: uno mediante un penal y el otro, en contra.

988

El informe "El futuro del fútbol", elaborado por la UEFA
en 2015, prevé que en 2030 se mejorará la experiencia
de ver los partidos desde casa. Se utilizarán robots tipo
insecto, equipados con cámaras, que sobrevolarán
el terreno de juego y brindarán un nuevo enfoque
en la visualización de los encuentros.

989

En 2012, el club Peñarol presentó su equipo
de fútbol femenino, que disputó con Nacional el primer
superclásico uruguayo de mujeres, el 13 de abril de 2013.
Ganó Nacional 7-0.

990

El Nobel de Literatura en 1957, Albert Camus,
era un fanático del fútbol y llegó a jugar de portero
en un equipo semiprofesional de Argelia: el Racing
Universitario de Argel.

991

El futbolista español Adrià Pedrosa, en un partido del 2020,
llegó a correr a una velocidad de 35,11 kilómetros por hora.

992

En el encuentro inaugural de la Copa América 2019,
el brasileño Coutinho anotó 2 tantos en el triunfo
de su selección ante Bolivia por 3-0. El anterior jugador
que había logrado hacer 2 goles en el partido inaugural
de ese certamen fue el argentino Jorge Burruchaga,
en 1983 ante Ecuador.

993

En la década de 1950 surgieron en Santiago de Chile
los primeros clubes de fútbol femenino del país:
Las Dinamitas y Las Atómicas.

994

En la Argentina, el fútbol es la actividad física preferida
de los varones en todas las franjas de población
hasta los 60 años.

995

A principios de 2020, Cristiano Ronaldo, Lionel Messi
y Neymar Júnior tenían más de 100 millones
de seguidores en Instagram.

996

Para Rusia 2018, Argentina llevó, en 60 baúles, alrededor
de 700 camisetas de la selección, 600 shorts, 200 buzos,
200 pares de medias, 200 pantalones, 100 camperas,
100 botines y 100 pelotas.

997

Pedro es el único futbolista español que, jugando
en el Barcelona y en el seleccionado de su país, entre 2009
y 2010 hizo goles en la liga española, en la Supercopa
de España, en la Copa del Rey, en la Champions League,
en la Supercopa de Europa y en la Copa del mundo
y salió campeón en todas esas competiciones.

998

El Campeonato Sudamericano de Selecciones
Extraordinario 1941 fue una Copa América que se realizó
en Chile para conmemorar el cuarto centenario de la
fundación de su capital, Santiago, por Pedro de Valdivia.
No hubo trofeo en juego y el campeón fue Argentina.
No jugaron Colombia, Brasil, Bolivia ni Paraguay.

999

La *First ViSion* es una cámara que se coloca
en la ropa de los jugadores para que el espectador
vea el encuentro en primera persona.

El 10 de noviembre de 2001, se realizó en el estadio
de Boca el partido homenaje a Diego Maradona,
con un encuentro entre la Selección Argentina
y un combinado de estrellas del mundo. El "10" anotó 2
goles de penal, y pronunció una de sus frases
más recordadas: *"El fútbol es el deporte más lindo
y más sano del mundo. Porque se equivoque uno,
no debe pagar el fútbol. Yo me equivoqué y pagué,
pero la pelota no se mancha"*.

MARADONA
10

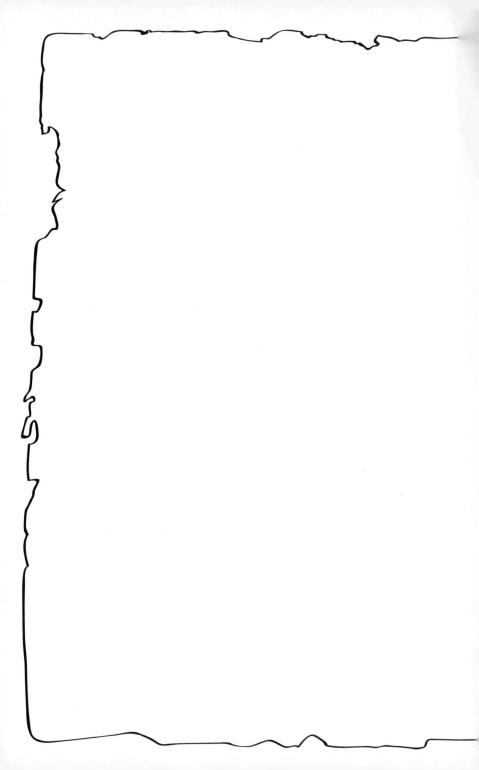

Bonus Track

¿Cómo se dice *gol* en diferentes idiomas?

En albanés: qëllim

En alemán: tor

En amárico: gibi

En árabe: alhadaf

En armenio: npatak

En bengalí: lakṣya

En birmano: raimhaannhkyet

En bosnio: cilja

En chichewa: cholinga

En chino: mūbiáo

En cingalés: ilakkaya

En croata: cilj

En danés: mål

En estonio: eesmärk

En euskera: helburua

En finés: tavoite

En francés: but

En gaélico escocés: amas

En galés: gôl

En georgiano: mizani

En griego: stóchos

En hausa: manufa

En hawaiano: hopena

En hmong: lub hom phiaj

En húngaro: cel

En indonesio: tujuan

En irlandés: sprioc

En islandés: mark

En italiano: rete

En japonés: gōru

En jemer: koldaw

En kasajo: maqsat

En kurdo: armanc

En maltés: għan

En maorī: whaainga

En maratī: dhyēya

En neerlandés: doel

En noruego: mål

En polaco: cel

En portugués: golo

En rumano: golul

En ruso: tsel'

En samoano: sini

En somalī: hadaf

En tagalo: layunin

En tailandés: pēāḥīmāy

En turco: amaç

En ucraniano: meta

En uzbeko: maqsad

En vietnamita: mục tiêu

En xhosa: injongo

En yoruba: ibi-afẹde

En zulú: umgomo

Aníbal Litvin

Nació en Buenos Aires, Argentina. Es periodista, guionista, productor y humorista. Ha participado en grandes éxitos del mundo del espectáculo y el entretenimiento en su país natal. Entre más de 15 títulos, escribió: *1.000 cosas inútiles que un chico debería saber antes de ser grande*, *1.000 datos insólitos que un chico debería conocer para saber que en el mundo están todos locos*, *Casi 1.000 disparates de todos los tiempos*, *1.000 datos locos del fútbol mundial* y *El libro de las mentiras*, todos publicados por V&R Editoras.